GLECS 1073

LA COMTESSE

DE CHARNY

PAR

ALEXANDRE DUMAS

15

PARIS
ALEXANDRE CADOT, ÉDITEUR
37, rue Serpente

1855

LA COMTESSE DE CHARNY

Ouvrages de George Sand.

Adriani	2 vol.
Mont-Revêche	4 vol.
La Filleule	4 vol.
Les Maîtres Sonneurs	4 vol.
François le Champi	2 vol.
Piccinino	5 vol.
Le Meunier d'Angibault	3 vol.
Lucrezia Floriani	2 vol.
Tevérino	2 vol.
La Mare au Diable	2 vol.

Ouvrages de Paul Duplessis.

Les grands jours d'Auvergne.
Première partie, *Raoul Sforzi*	5 vol.
Deuxième partie, *Le gracieux Maurevert*	4 vol.

Les Étapes d'un Volontaire.
Première partie, *Le Roi de Chevrières*	4 vol.
Deuxième partie, *Moine et Soldat*	4 vol.
Troisième partie, *Monsieur Jacques*	4 vol.
Le Capitaine Bravaduria	2 vol.
La Sonora	4 vol.

Sous presse :

Les Pervertis.
Un monde inconnu.
Le Grand-Justicier du roi.

Ouvrages de Paul de Kock.

Un Monsieur très tourmenté	2 vol.
Les Étuvistes	8 vol.
La Bouquetière du Château-d'Eau	6 vol.

LA COMTESSE

DE CHARNY

PAR

ALEXANDRE DUMAS

15

PARIS
ALEXANDRE CADOT, ÉDITEUR
37, rue Serpente
—
1855

1

Le 20 juin.
(Suite.)

On avait faim ! c'était le cri général.

La cherté du pain avait cessé, — mais plus de travail, plus d'argent, et si bon marché que soit le pain, — encore ne le donne-t-on pas pour rien.

Toute cette population c'était levée à cinq heures du matin, avait quitté son grabat où beaucoup s'étaient couché à jeun la veille.

Tout cela, ouvriers avec leurs femmes, mères avec leurs enfants, tout cela s'était mis en route sur cette vague espérance que le roi sanctionnerait le décret et que tout irait bien.

Le roi ne paraissait pas le moins du monde disposé à sanctionner.

Il faisait chaud et l'on avait soif.

La faim, la soif et la chaleur rendent le chien enragé.

Eh bien, ce pauvre peuple attendait, lui, et prenait patience.

Cependant on commence à secouer les grilles du château.

Un municipal paraît dans la cour des Tuileries et harangue le peuple.

— Citoyens, dit-il, c'est le domicile du roi, et y entrer en armes, ce serait le violer. — Il veut bien recevoir votre pétition, mais présentée seulement par vingt députés.

Ainsi les députés que la foule attend, qu'elle croit depuis une heure près du roi, — les députés ne sont pas introduits.

Tout-à-coup on entend de grands cris du côté du quai.

C'est Santerre et Saint-Huruge sur leurs chevaux.

C'est Théroigne sur son canon.

— Eh bien ! que faites-vous là devant cette grille ? crie Saint-Huruge, pourquoi n'entrez-vous pas ?

— Au fait, dirent les hommes du peuple, pourquoi n'entrons-nous pas ?

Mais vous voyez bien que la porte est fermée dirent plusieurs voix.

Théroigne saute à bas de son canon.

— Il est chargé, dit-elle, faites sauter la porte avec le boulet.

Et l'on braque le canon devant la porte. —

— Attendez! attendez! crient deux municipaux, pas de violence, on va vous ouvrir.

Et en effet, il pèsent sur la bascule qui ferme les deux battants, la bascule joue, la porte s'ouvre.

Tous se précipitent.

Voulez-vous savoir ce que c'est que la foule, et quel torrent elle fait?

Eh bien! la foule entre, le canon entraîné roule dans ses flots, traverse avec elle la cour, monte avec elle les degrés et avec elle se trouve au haut de l'escalier.

Au haut de l'escalier sont des officiers municipaux en écharpes.

— Que comptez-vous faire d'une pièce de canon? demandent-ils ; une pièce de canon dans les appartements du roi, — croyez-vous obtenir quelque chose avec une pareille violence.

— C'est vrai répondent ces hommes tout étonné eux-mêmes que cette pièce de canon soit là, — et ils retournent la pièce et veulent la descendre.

L'essieu s'accroche dans une porte et

voilà la gueule du canon tournée vers la multitude.

— Bon! il y a de l'artillerie jusque dans les appartements du roi! crient ceux qui arrivent et qui ne sachant pas comment cette pièce se trouve là, ne reconnaissent pas le canon de Théroigne et croient qu'il a été amené là contre eux.

Pendant ce temps, sur l'ordre de Mouchet, deux hommes avec des haches coupent, taillent brisent le chambranle de la porte et dégagent la pièce qui est redescendue dans le vestibule.

Cette opération qui a pour but de dégager le canon fait croire que l'on brise les portes à coups de hache.

Deux cents gentilshommes à peu près sont accourus au château non pas dans l'espoir de le défendre, mais ils croient qu'il y a conspiration contre les jours du roi et ils viennent mourir avec lui.

Il y a en outre le vieux maréchal de Mouchy, — M. d'Hervilly, commandant de la garde constitutionnelle licenciée, — Acloque, commandant du bataillon de la garde nationale du faubourg Saint-Marceau.

Trois grenadiers du bataillon du faubourg Saint-Martin, restés seuls à leur poste.

MM. Lecrosnier, Bridaud et Gosse.

Un homme vêtu de noir, qui déjà une fois est venu offrir sa poitrine à la balle des assassins dont on a constamment repoussé les conseils, et qui, au jour du danger qu'il a essayé de conjurer, vient, comme un dernier rempart, se mettre entre ce danger et le roi.

Gilbert.

Le roi et la reine très-inquiets d'abord, au bruit effroyable de toute cette multitude, avaient fini par s'habituer à ce bruit.

Il était trois heures et demie de l'après midi, ils espéraient que la fin de la journée s'écoulerait comme le commencement.

La famille royale était réunie dans la chambre du roi.

Tout-à-coup le bruit des haches retentit jusque dans la chambre, dominé par des bouffées de clameurs, qui semblent les hurlements lointains de la tempête.

En ce moment, un homme se précipite dans la chambre à coucher du roi en criant :

Sire ! ne me quittez pas, — je réponds de tout.

II

Où le roi voit qu'il est certaines circonstances où, sans être Jacobin, on peut mettre le bonnet rouge sur sa tête.

Cet homme c'était le docteur Gilbert.

On ne le revoyait qu'à des distances presque périodiques et dans toutes les grandes péripéties de l'immense drame qui se déroulait.

— Ah! docteur, c'est vous! que se

passe-t-il donc? s'écrièrent à la fois le roi et la reine.

— Il se passe, Sire, dit Gilbert, que le château est envahi et que ce bruit que vous entendez, c'est celui que fait le peuple en demandant à vous voir.

— Oh! dirent à la fois la reine et Madame Élisabeth, — nous ne vous quittons pas, Sire.

— Le roi, dit Gilbert, veut-il me donner pour une heure la puissance qu'a un capitaine de vaisseau sur un bâtiment pendant la tempête.

— Je vous la donne, dit le roi.

En ce moment, le commandant de la garde nationale Acloque, paraissait à son tour à la porte, — pâle, mais décidé à défendre le roi jusqu'au bout.

— Monsieur, s'écria Gilbert, — voici le roi, il est prêt à vous suivre, — chargez vous du roi.

Puis au roi.

— Allez, Sire, — allez.

— Mais moi ! s'écria la reine, — moi je veux suivre mon mari.

— Et moi mon frère, — dit Madame Élisabeth.

— Suivez votre frère, Madame, dit Gilbert à madame Élisabeth, mais vous,

Madame, restez ajouta-t-il, en s'adressant à la reine.

— Monsieur ! dit Marie-Antoinette.

— Sire ! Sire ! cria Gilbert, au nom du ciel, — priez la reine de s'en rapporter à moi, — ou je ne réponds de rien.

— Madame, dit le roi, — écoutez les conseils de M. Gilbert et s'il le faut, obéissez à ses ordres.

Puis à Gilbert :

— Monsieur, ajouta-t-il, vous me répondez de la reine et du Dauphin.

— Sire, — j'en réponds, ou je mourrai

avec eux, c'est tout ce qu'un pilote peut dire pendant la tempête.

La reine voulut faire un dernier effort, mais Gilbert étendit les bras pour lui barrer le chemin.

— Madame, lui dit-il, c'est vous et non le roi qui courez le véritable danger, — à tort ou à raison c'est vous que l'on accuse de la résistance du roi, votre présence l'exposerait donc sans le défendre, — faites l'office du paratonnerre, — détournez la foudre si vous pouvez.

— Alors, Monsieur, que la foudre tombe donc sur moi seule et épargne mes enfants.

— J'ai répondu au roi de vous et d'eux, Madame, suivez moi.

Et se tournant vers madame de Lamballe, qui était arrivée, il y avait un mois d'Angleterre et depuis trois jours de Vernon, — et vers les autres femmes de la reine.

— Suivez-nous, ajouta Gilbert.

Les autres femmes de la reine étaient : la princesse de Tarente, la princesse de la Trémouille, Mesdames de Tourel, de Mackau, de Laroche-Aymon.

Gilbert connaissait l'intérieur du château, il s'orienta.

Ce qu'il cherchait, — c'était une grande

salle où tout le monde put voir et entendre. Un premier rempart à franchir, il mettrait la reine, ses enfants, ses femmes derrière le rempart et lui en avant du rempart même.

Il songea à la salle du conseil.

Par bonheur, elle était encore libre.

Il poussa la reine, les enfants, la princesse de Lamballe, dans l'embrasure d'une fenêtre, le temps était si précieux qu'on n'avait pas le temps de parler, — déjà, on heurtait aux portes.

Il traîna la lourde table du conseil devant la fenêtre, le rempart était trouvé.

Madame royale se tint debout sur la table près de son frère aîné.

La reine se plaça derrière eux ; l'innocence défendait l'impopularité.

La reine voulait au contraire se mettre devant ses enfants.

— Tout est bien ainsi ! cria Gilbert du ton d'un général qui commande une manœuvre décisive, ne bougez pas.

Et comme on ébranlait la porte et qu'il reconnaissait un flot de femmes dans cette marée heurtante.

— Entrez, citoyenne ! dit-il en tirant le verrou, — la reine et ses enfants vous attendent.

La porte ouverte, le flot entra comme à travers une digue rompue.

— Où est-elle, l'Autrichienne ? Où est-elle, Madame Veto ? crièrent cinq cents voix.

C'était le moment terrible.

Gilbert comprit qu'en ce moment suprême, toute puissance échappait à la main des hommes, et passait dans celle de Dieu.

Du calme, Madame, dit-il à la reine, — je n'ai pas besoin de vous recommander la bonté.

Une femme précédait les autres, les cheveux épars, brandissant un sabre, — belle de colère, — de faim, — peut-être.

— Où est l'Autrichienne ? criait-elle, — elle ne mourra que de ma main.

Gilbert la prit par le bras et la conduisant devant la reine.

— La voilà, dit-il.

Alors de sa voix la plus douce.

— Vous-ai-je fait quelque tort personnel? mon enfant, demanda la reine.

— Aucun, Madame, répondit celle-ci tout étonnée à la fois de la douceur et de la majesté de Marie-Antoinette.

— Eh bien alors, pourquoi donc voulez-vous me tuer.

— On m'a dit que c'était vous qui perdiez la nation, dit la jeune fille tout interdite, — et abaissant sur le parquet la pointe de son sabre.

— Alors on vous a trompé. — J'ai épousé le roi de France, je suis la mère du dauphin, de cet enfant que voilà, tenez, je suis Française, je ne reverrai jamais mon pays, — je ne puis donc être heureuse ou malheureuse qu'en France, — hélas, — j'étais heureuse quand vous m'aimiez.

Et la reine poussa un soupir.

La fille laissa tomber son sabre et se mit à pleurer.

— Ah! Madame, dit-elle, je ne vous connaissais pas, pardonnez-moi; je crois que vous êtes bonne.

— Continuez ainsi, Madame, lui dit

tout bas Gilbert, et, non-seulement vous êtes sauvée, mais tout ce peuple sera dans un quart-d'heure à vos genoux.

Puis, confiant la reine à deux ou trois gardes nationaux qui accouraient, et au ministre de la guerre Lajard, qui venait d'entrer avec le peuple. — Il courut au roi.

Le roi venait de se heurter à une scène à peu près pareille.

Louis XVI avait couru au bruit. — Au moment où il entrait dans la salle de l'œil-de-bœuf, les panneaux de la porte s'ouvraient brisés et la pointe des baïonnettes, les fers des lances, les tranchants des haches, — passaient par les ouvertures.

— Ouvrez! — cria le roi, — ouvrez!

— Citoyens! dit à haute voix monsieur d'Hervilly, il est inutile d'enfoncer la porte, le roi veut qu'on ouvre.

En même temps il lève les verroux et tourne la clef, la porte à moitié brisée tourne sur ses gonds.

Monsieur Acloque et le duc de Mouchy ont eu le temps de pousser le roi dans l'embrâsure d'une fenêtre, tandis que quelques grenadiers, qui se trouvent là, se hâtent de renverser et d'entasser devant lui les banquettes et les tabourets.

En voyant la foule envahir la salle avec des cris, des imprécations, des hurlements, le roi ne put s'empêcher de s'écrier :

— A moi, Messieurs !

Quatre grenadiers tirent aussitôt leur sabre du fourreau et se rangent à ses côtés.

— Le sabre au fourreau, Messieurs ! — cria le roi. — Tenez-vous à mes côtés, — voilà tout ce que je vous demande.

En effet, peu s'en fallut qu'il ne fût trop tard, l'éclair qui avait jailli des lames de sabre, avait semblé une provocation.

Un homme en haillons, les bras nus,

l'écume à la bouche, s'élance sur le roi.

— Ah! te voilà Veto, lui dit-il, et il essaie de le frapper d'une lame de couteau enmanchée au bout d'un bâton.

Un des grenadiers qui, malgré l'ordre du roi, n'avait pas encore remis son sabre au foureau, abaissa le bâton avec son sabre.

Mais c'est alors le roi lui-même, qui, entièrement revenu à lui, écarte le grenadier de la main en lui disant :

— Laissez-moi, Monsieur, que puis-je avoir à craindre au milieu de mon peuple.

Et, faisant un pas en avant, Louis XVI,

avec une majesté dont on l'eut cru incapable, avec un courage qui lui avait été étranger jusqu'alors, présenta sa poitrine aux armes de toute espèce que l'on dirigeait contre lui.

— Silence, dit au milieu de ce tumulte épouvantable, une voix : — Je veux parler.

Le canon eut essayé vainement de se faire entendre parmi ces clameurs et ces vociférations, et cependant à cette voix, vociférations et clameurs tombèrent.

C'était la voix du boucher Legendre.

Il s'approcha du roi presqu'à le toucher.

On avait fait un cercle autour de lui.

En ce moment, un homme apparut sur la ligne extrême de ce cercle, et, derrière la terrible doublure de Danton, le roi vit apparaître la figure pâle, mais sereine du docteur Gilbert.

Un coup d'œil interrogateur demanda :

Qu'avez-vous fait de la reine, Monsieur ?

Un sourire répondit :

— Elle est en sûreté, Sire.

Le roi remercia Gilbert d'un signe.

— Monsieur, dit Legendre s'adressant au roi.

A ce mot de *Monsieur* qui semblait indiquer sa déchéance, le roi se retourna comme si un serpent l'avait mordu.

— Oui, Monsieur, — monsieur Veto, c'est à vous que je parle, dit Legendre; écoutez-nous donc, car vous êtes fait pour nous écouter : Vous êtes un perfide, vous nous avez toujours trompé, et vous nous trompez encore, mais prenez garde à vous, — la mesure est comble, et le peuple est las d'être votre jouet et votre victime.

— Eh bien! je vous écoute, Monsieur, dit le roi.

— Tant mieux, — vous savez ce que nous sommes venu faire ici, nous sommes venu vous demander la sanction du décret et le rappel des ministres.

Voilà notre pétition.

Et Legendre, tirant de sa poche un papier qu'il déplia, lut la même pétition menaçante qui avait déjà été lue à l'Assemblée.

Le roi l'écouta les yeux fixés sur le lecteur, puis, quand elle fut achevée, sans la moindre émotion apparente du moins.

— Je ferai, Monsieur, dit-il, ce que les lois de la Constitution m'ordonnent de faire.

— Ah! oui, dit une voix, voilà ton grand cheval de bataille ; la *Constitution !* la Constitution de 91, qui te permet d'enrayer toute la machine, de lier la France au poteau et d'attendre que les Autrichiens viennent l'y égorger.

Le roi se retourna vers cette nouvelle voix, car il comprenait que de ce côté lui arrivait une attaque plus grave.

Gilbert aussi fit un mouvement et alla poser sa main sur l'épaule de l'homme qui avait parlé.

— Je vous ai déjà vu, mon ami, — qui êtes-vous? dit le roi.

Et il le regardait avec plus de curiosité que de terreur, quoique la figure de cet homme eut un caractère de terrible résolution.

— Oui, vous m'avez déjà vu, Sire, — vous m'avez déjà vu trois fois : Une fois au retour de Versailles, le 16 juillet, — une fois à Varennes, l'autre fois ici, — Sire, — rappelez-vous mon nom ; — j'ai un nom de sinistre augure, — je m'appelle Billot!

En ce moment les cris redoublèrent ; un homme, armé d'une pique, essaya de darder un coup.

Mais Billot saisit la lance, l'arracha des mains du meurtrier, et la brisant sur son genou :

— Pas d'assassinat, — dit-il, — il n'y

a qu'un fer qui ait le droit de toucher à cet homme, — celui de la loi.

On dit qu'il y a un roi d'Angleterre qui a eu le cou coupé par jugement du peuple qu'il avait trahi, tu dois savoir son nom, toi, Louis, — ne l'oublie pas.

— Billot! murmura Gilbert.

— Oh! vous avez beau faire, — dit Billot en secouant la tête, — cet homme sera jugé, — comme traître et condamné.

— Oui, — traître! crièrent cent voix, traître! traître! traître!

Gilbert se jeta entre le roi et le peuple.

— Ne craignez rien, — Sire, — dit-il, et tâchez, par quelque démonstration matérielle, de donner satisfaction à ces furieux.

Le roi prit la main de Gilbert et la posa sur son cœur.

— Vous voyez que je ne crains rien, Monsieur, dit-il, — j'ai reçu les sacrements ce matin, que l'on fasse de moi ce que l'on voudra, quand au signe matériel que vous m'invitez à arborer, — tenez, — êtes-vous satisfait?

Et le roi prenant un bonnet rouge sur la tête d'un sans-culotte, — mit le bonnet rouge sur sa tête.

En même temps la multitude éclata en applaudissements.

— Vive le roi! vive la nation! crièrent toutes les voix.

Un homme fendit la foule et s'approcha du roi, il tenait une bouteille à la main.

— Si tu aimes le peuple comme tu dis, gros Veto, — prouve le donc en buvant à la santé du peuple.

Et il lui présenta la bouteille.

— Ne buvez pas, Sire, ce vin est peut-être empoisonné, — murmura Madame Élisabeth.

— Buvez, Sire, je réponds de tout, dit Gilbert.

Le roi prit la bouteille.

— A la santé du peuple! dit-il, et il but.

De nouveaux cris de vive le roi! retentirent.

— Sire, dit Gilbert, vous n'avez plus rien à craindre, permettez que je retourne à la reine.

— Allez, dit le roi en lui serrant la main.

Au moment où Gilbert sortait, — Isnard et Vergniand entraient.

Ils avaient quitté l'Assemblée et venaient d'eux-mêmes lui faire un rempart de leur popularité, et au besoin, de leurs corps.

— Le roi? demandèrent-ils.

Gilbert le leur montra de la main et les deux députés s'élancèrent vers lui.

Pour arriver jusqu'à la reine, — Gilbert devait traverser plusieurs chambres, et entr'autres celle du roi.

Le peuple avait tout envahi.

—Ah! le gros Veto, disaient des hommes en s'asseyant sur son lit, il a un lit, — ma foi meilleur que le nôtre.

Tout cela n'était plus bien inquiétant; le premier moment d'effervescence était passé.

Gilbert revenait plus tranquille près de la reine.

En entrant dans la salle où il l'avait laissée, il jeta de son côté un regard rapide et respira.

Elle était toujours à la même place, le petit dauphin, comme son père, était coiffé d'un bonnet rouge.

Une grande rumeur se faisait dans la chambre à côté, qui attira vers la porte le regard de Gilbert.

Ce bruit, — c'était celui que faisait Santerre en s'approchant.

Le colosse entra dans la salle.

— Oh! oh! dit-il, c'est donc ici qu'est l'Autrichienne?

Gilbert marcha droit à lui, coupant la salle en diagonale.

— Monsieur Santerre, dit-il.

Santerre se retourna.

— Eh! s'écria-t-il tout joyeux, le docteur Gilbert!

— Qui n'a pas oublié, dit celui-ci, que vous êtes un de ceux qui lui ont ouvert les portes de la Bastille, — laissez-moi vous présenter à la reine, monsieur Santerre.

— A la reine? me présenter à la reine, murmura le brasseur.

— Oui, à la reine, refusez-vous.

— Non pas, ma foi, dit Santerre, j'allais me présenter tout seul, mais puisque vous voilà... tant mieux !

— Je connais M. Santerre, dit la reine, je sais qu'au moment de la disette il a nourri, à lui tout seul, la moitié du faubourg Saint-Antoine.

Santerre s'arrêta étonné, puis fixant son regard un peu embarrassé sur le dauphin, et voyant que la sueur coulait à grosses gouttes sur les joues du pauvre enfant.

—Oh! dit-il, en s'adressant aux gens du peuple, ôtez donc son bonnet à cet enfant, vous voyez bien qu'il étouffe.

La reine le remercia d'un regard.

Alors, se penchant vers elle et s'appuyant sur la table.

— Vous avez des amis bien maladroits, Madame, lui dit à demi-voix le brave Flamand, j'en connais, moi, qui vous serviraient mieux.

Une heure après, toute cette foule s'était écoulée, et le roi, accompagné de sa sœur, rentrait dans la chambre où l'attendaient la reine et ses enfants.

La reine, en l'apercevant, se jeta à ses pieds, les deux enfants serrèrent ses mains; on s'embrassait comme après un naufrage.

Ce fut seulement alors que le roi s'aperçut qu'il avait encore le bonnet rouge sur la tête.

— Ah! s'écria-t-il, je l'avais oublié.

Et, le prenant à pleines mains, il le jeta loin de lui avez dégoût.

Un jeune officier d'artillerie, âgé de vingt-deux ans à peine, avait assisté à toute cette scène, appuyé à un arbre de la terrasse du bord de l'eau; il avait vu, par la fenêtre, tous les dangers qu'avait courus, toutes les humiliations qu'avait essuyées le roi, — mais, à la période du bonnet rouge, il n'avait pu y tenir plus longtemps.

— Oh! murmura-t-il, si j'avais seulement douze cents hommes et deux pièces de canon, comme j'aurais vite débarrassé le pauvre roi de toute cette canaille.

Et comme il n'avait pas ses douze cents hommes et ses deux pièces de canon, et qu'il ne pouvait plus longtemps supporter ce hideux spectacle, — il se retira.

Ce jeune officier, c'était Napoléon Bonaparte.

III

Réaction.

La sortie des Tuileries avait été aussi triste et aussi muette, que l'entrée avait été bruyante et terrible.

La foule se disait, étonnée elle-même du peu de résultats de la journée :

— Nous n'avons rien obtenu, il faudra revenir.

C'était en effet trop pour une menace, trop peu pour un attentat.

Ceux qui avaient vu au-delà de ce qui s'était passé, — avaient jugé Louis XVI sur sa réputation. — Ils se rappelaient le roi fuyant à Varennes sous l'habit d'un laquais, et ils se disaient : Au premier bruit qu'entendra Louis XVI, il se cachera dans quelque armoire, sous quelque table, derrière quelque rideau, — on y donnera un coup d'épée au hasard, et l'on sera quitte, en disant comme Hamlet croyant tuer le tyran du Danemarck :

— Un rat.

Il en avait été tout autrement ; jamais le roi n'avait été si calme, — disons plus, — si grand.

L'insulte avait été immense, — mais il faut le dire, elle n'avait pas monté à la hauteur de la résignation. — Sa fermeté timide, si l'on peut parler ainsi, avait besoin d'être excitée, et dans l'excitation, avait pris la raideur de l'acier, relevé par les circonstances extrêmes au milieu desquelles il se trouvait, il avait, cinq heures durant, vu sans pâlir les haches flamboyer au-dessus de sa tête, les lances, les épées, les bayonnettes reculer devant sa poitrine, nul général n'avait couru peut-être en dix batailles si meurtrières qu'elles eussent été, un danger pareil à celui qu'il venait d'affronter dans cette lente revue de l'émeute ; — les Théroigne, les Saint-Huruge, les Lazouski, les Fournier, les Verrière, — tous ces familiers de l'assassinat étaient partis dans l'intention bien positive de le tuer, — et cette majesté inattendue qui venait de se révéler au milieu de la tempête, leur avait fait tomber le poignard de la main.

Louis XVI venait d'avoir sa passion, — le royal *ecce homo* s'était montré le front ceint du bonnet rouge, comme Jésus de sa couronne d'épines, et de même que Jésus, au milieu des insultes et des mauvais traitements avait dit : je suis votre Christ. — Louis XVI, au milieu des injures et des outrages n'avait pas cessé de dire un instant : — je suis votre roi.

Voilà ce qui était arrivé : — l'idée révolutionnaire avait cru, en forçant la porte des Tuileries, n'y trouver que l'ombre inerte et tremblante de la royauté, et voilà, qu'à son grand étonnement, elle avait rencontré debout et vivante la foi du moyen-âge.

Deux principes en face, — l'un à son couchant, l'autre à son orient, quelque chose de terrible, comme si l'on voyait à la fois au ciel — un soleil qui se lève avant que l'autre soleil soit couché.

Seulement il y avait autant de grandeur et d'éclat dans l'un que dans l'autre, — autant de foi dans l'exigence du peuple, que dans le refus de la royauté.

Les royalistes étaient ravis, — en somme, la victoire leur était restée. Mis violemment en demeure d'obéir à l'Assemblée, le roi, au lieu de sanctionner comme il était prêt à le faire un des deux décrets, — le roi, sachant qu'il ne causait pas plus de risques pour deux que pour un, — le roi avait mis son veto sur les deux.

Puis la royauté, dans cette fatale journée du 20 juin, avait été si bas descendue, qu'elle semblait avoir touché le fond de l'abîme, — elle n'avait plus désormais qu'à remonter.

Et en effet, il sembla que la chose s'accomplissait ainsi.

Le 21, l'Assemblée déclara qu'aucun rassemblement de citoyens armés ne se présenterait plus à la barre :

C'était désavouer : mieux que cela, c'était condamner le mouvement de la veille.

La veille, Pétion était arrivé aux Tuileries, — comme tout allait finir.

— Sire, dit Pétion au roi, je viens d'apprendre seulement, à cette heure, la situation de Votre Majesté.

— Cela est étonnant, répondit le roi, il y a cependant assez longtemps que cela dure.

Le lendemain, Pétion se présenta aux Tuileries avec Sergent. — Sergent, graveur et plus tard beau-frère de Marceau, était membre du conseil municipal. Trois ou quatre des autres membres accompagnaient le maire.

Mais dès la cour ils furent insultés par des chevaliers de Saint-Louis, des gardes constitutionnels, des gardes nationaux. — Pétion fut personnellement attaqué, — Sergent fut frappé malgré son écharpe, à la poitrine, à la figure, renversé même d'un coup de poing.

Au milieu de tout cela, Pétion entendait dire que les constitutionnels royalistes et feuillants étaient en train de demander la proclamation de la loi martiale.

On sait ce que la précédente proclamation de cette loi avait amené le 17 juillet précédent au Champ-de-Mars.

Pétion courut à l'Assemblée.

On fondait cette demande sur de nouveaux rassemblements qui existaient, disait-on.

Pétion affirma que ces nouveaux rassemblements n'avaient jamais existé ; il répondit de la tranquillité de Paris, la proclamation de la loi martiale fut repoussée.

Il n'avait pas vu le roi le matin, il

revint aux Tuileries en sortant de l'Assemblée nationale; le roi savait déjà ce qui s'y était passé.

A peine introduit, Pétion comprit que c'était un combat qu'il était venu chercher.

Marie-Antoinette lui lança un de ses regards, — comme les seuls yeux de la fille de Marie-Thérèse, savaient en décocher, — deux rayons de haine et de mépris, — deux éclairs terribles et fulgurants.

— Eh bien, Monsieur, dit le roi, c'est donc vous qui prétendez que le calme est rétabli dans la capitale?

— Oui, Sire, répondit Pétion, — le

peuple vous a fait ses représentations, il est tranquille et satisfait.

— Avouez, Monsieur, dit le roi engageant le combat, — avouez que la journée d'hier est un grand scandale, — et que la municipalité n'a fait, ni ce qu'elle devait, ni ce qu'elle pouvait faire.

— Sire, répondit Pétion, la municipalité a fait son devoir, l'opinion publique la jugera.

— Dites la nation entière, Monsieur.

— La municipalité ne craint pas le jugement de la nation.

— Et dans ce moment, — en quel état est Paris ?

— Calme, Sire.

— Cela n'est pas vrai.

— Sire...

— Taisez-vous.

— Le magistrat du peuple n'a point à se taire, Sire, quand il fait son devoir et dit la vérité.

— C'est bon, retirez-vous.

Pétion salua et sortit.

Le roi avait été si violent, sa figure portait l'expression d'une si ardente colère, que la reine, — la femme emportée, l'amazone ardente, en fut épouvantée.

— Mon Dieu, dit-elle à M. Rœderer, quand Pétion eut disparu, ne trouvez-vous pas que le roi a été bien vif, et ne craignez-vous pas que cette vivacité ne lui nuise auprès des Parisiens.

— Madame, répondit Rœderer, personne ne trouvera étonnant que le roi impose silence à un de ses sujets qui lui manque de respect.

Le lendemain, le roi écrivit à l'Assemblée, pour se plaindre de cette profanation du château, de la royauté et du roi.

Puis il fit une proclamation à son peuple.

Il y avait donc deux peuples.

Le peuple qui avait fait le 20 juin.

Le peuple auquel le roi s'en plaignait.

Le 24, le roi et la reine passèrent la revue de la garde nationale, et furent accueillis avec enthousiasme.

Le même jour, le directoire de Paris suspendit le maire.

Qui lui donnait une pareille audace ?

Trois jours après la chose s'éclaircit.

Lafayette, parti de son camp avec un seul officier, arriva à Paris le 27 et descendit chez son ami, M. de La Rochefoucault.

Pendant la nuit, on avertit les constitutionnels, les feuillants et les royalistes, et l'on s'occupa *de faire* les tribunes du lendemain.

Le lendemain, le général se présenta à l'Assemblée.

Trois salves d'applaudissements l'accueillirent, mais chacune d'elles furent éteintes par les murmures des Girondins.

On comprit que la séance allait être terrible.

Le général Lafayette était un des hommes les plus franchement braves qui existassent ; — mais la bravoure n'est pas l'audace; il est même rare qu'un homme réellement brave, soit en même temps audacieux.

Lafayette comprit le danger qu'il courait seul contre tous, il venait jouer le reste de sa popularité.

S'il la perdait, il se perdait avec elle.

S'il gagnait, il pouvait sauver le roi.

C'était d'autant plus beau de sa part qu'il savait la répugnance du roi, — la haine de la reine pour lui.

— J'aime mieux périr par Pétion, qu'être sauvé par Lafayette.

Peut-être ne venait-il aussi que pour accomplir une bravade de sous-lieutenant, — pour répondre à un défi.

Treize jours auparavant, il avait écrit

à la fois au roi et à l'Assemblée, au roi, pour l'encourager à la résistance, à l'Assemblée, pour la menacer, si elle continuait d'attaquer.

— Il est bien insolent au milieu de son armée, avait dit une voix, — nous verrions s'il parlerait le même langage seul au milieu de nous.

Ces paroles avaient été rapportées à Lafayette à son camp de Maubeuge.

Peut-être ces paroles furent-elles la vraie cause de son voyage à Paris.

Il monta à la tribune au milieu des applaudissements des uns, mais aussi au milieu des grondements et des menaces des autres.

—Messieurs, dit-il, on m'a reproché d'avoir écrit ma lettre du 16 juin au milieu de mon camp; il était de mon devoir de protester contre cette imputation de timidité, de sortir de cet honorable rempart que l'affection des troupes formait autour de moi, et de me présenter seul devant vous; — puis un motif plus puissant encore m'appelait, les violences du 20 juin ont soulevé l'indignation de tous les bons citoyens et surtout de l'armée. — Les officiers, sous-officiers et soldats ne font qu'un, — j'ai reçu de tous les corps des adresses pleines de dévouement pour la Constitution, et de haine contre les factieux. — J'ai arrêté ces manifestations, — je me suis chargé d'exprimer seul les sentiments de tous ; c'est comme citoyen que je vous parle ; il est temps de garantir la Constitution, d'assurer la liberté de l'Assemblée nationale, — celle du roi, — sa dignité. — Je supplie l'Assemblée d'ordonner que les excès du 20 juin seront poursuivis comme des crimes de lèze-majesté, — de prendre des mesures efficaces pour faire observer toutes les autorités constituées, et particulièrement la vôtre et celle du roi, — et de donner à l'armée l'assurance que la Constitution ne recevra aucune atteinte à l'intérieur, tandis que les braves Français prodigueront leur sang pour la défense de la frontière.

Guadet s'était levé lentement, et au

fur et à mesure qu'il avait senti Lafayette approcher de sa période, au milieu des applaudissements qui l'accueillaient, l'acerbe orateur de la Gironde étendit la main en signe qu'il voulait parler à son tour. — Quand la Gironde voulait lancer la flèche de l'ironie, c'était à Guadet qu'elle remettait l'arc, et Guadet n'avait qu'à prendre au hasard une flèche dans son carquois.

A peine le bruit du dernier applaudissement s'était-il éteint, que le bruit de sa parole vibrante lui succédait.

— Au moment où j'ai vu M. de Lafayette, dit-il, — une idée bien consolante s'est offerte à mon esprit. — Ainsi, me suis-je dit, nous n'avons plus d'ennemis extérieurs. — Ainsi, me suis-je dit, les Autrichiens sont vaincus, — voici M. Lafayette qui vient nous annoncer la nouvelle de sa victoire et leur destruction ! l'illusion n'a pas duré longtemps. — Nos ennemis sont toujours les mêmes, nos dangers extérieurs n'ont pas changé, et cependant M. Lafayette est à Paris, il se constitue l'organe des honnêtes gens et de l'armée. — Ces honnêtes gens qui sont-ils ? cette armée comment a-t-elle pu délibérer?

Mais d'abord, que M. Lafayette nous montre son congé.

A ces mots, la Gironde comprend que le vent va tourner à elle, et, en effet, à peine sont-ils prononcés, qu'un tonnerre d'applaudissements les accueille.

Un député se lève alors, et, de sa place :

— Messieurs, dit-il, vous oubliez à qui vous parlez et de qui il est question, vous oubliez qui est Lafayette, surtout, — Lafayette est le fils aîné de la liberté française, — Lafayette a sacrifié à la révolution, sa fortune, sa noblesse, sa vie.

— Ah! ça, cria une voix, — c'est son éloge funèbre que vous faites-là!

— Messieurs, dit Ducos, la liberté de discussion est opprimée par la présence, dans cette enceinte, d'un général étranger à l'Assemblée.

— Ce n'est pas le tout, crie Vergniaud,

— ce général a quitté son poste devant l'ennemi. — C'est à lui, et non à un simple maréchal-de-camp, qu'il a laissé à sa place, que le corps d'armée qu'il commande a été confié, sachons s'il a quitté l'armée sans congé, et, s'il l'a quittée sans congé, qu'on l'arrête et qu'on le juge comme déserteur.

— C'est là le but de ma question, dit Guadet, et j'appuie la proposition de Vergniaud.

— J'appuie! crie toute la Gironde.

— L'appel nominal! dit Gensonné.

L'appel nominal donne une majorité de dix voix aux amis de Lafayette.

Comme le peuple, au 20 juin, — Lafayette a osé trop ou trop peu ; c'est une de ces victoires comme celle dont se plaignait Pyrrhus, veuf de la moitié de son armée.

— Encore une victoire comme celle-là et je suis perdu, disait-il.

Comme Pétion, en sortant de l'Assemblée, Lafayette se rendit chez le roi.

Il y fut reçu avec un visage plus doux, mais avec un cœur non moins ulcéré.

Lafayette venait de sacrifier, au roi et à la reine, plus que sa vie ; — il venait de leur sacrifier sa popularité.

C'était la troisième fois qu'il leur faisait ce don plus précieux qu'aucun de ceux que les rois puissent faire.

La première fois, à Versailles, le 6 octobre.

La seconde fois, au Champ-de-Mars, le 17 juillet.

La troisième fois, — ce jour-là même.

Lafayette avait un dernier espoir. — C'était de cet espoir qu'il venait faire part à son souverain.

Le lendemain, il passerait une revue de la garde nationale avec le roi.

Il n'y avait point à douter de l'enthousiasme qu'inspirerait la présence du roi et de l'ancien commandant général.

Lafayette profiterait de cette influence, marcherait sur l'Assemblée, mettrait la main sur la Gironde.

Pendant le tumulte, le roi partirait et gagnerait le camp de Maubeuge.

C'était un coup hardi, mais dans la situation des esprits à peu près sûr.

Par malheur, Danton, à trois heures du matin, entrait chez Pétion pour le prévenir du complot.

Au point du jour, Pétion contremandait la revue.

Qui donc avait trahi le roi et Lafayette?

La reine.

N'avait-elle pas dit qu'elle préférait périr par un autre que d'être sauvé par Lafayette.

Elle avait eu la main juste; — elle devait périr par Danton.

A l'heure où la revue eut dû avoir lieu, Lafayette quitta Paris et retourna à son armée.

Et, cependant, il n'avait pas perdu tout espoir de sauver le roi.

IV

Vergniaud parlera.

La victoire de Lafayette, victoire douteuse, suivie d'une retraite, avait eu un singulier résultat.

Elle avait abattu les royalistes, tandis que la prétendue défaite des Girondins les avait relevés.

Elle les avait relevés en leur faisant voir l'abîme où ils avaient failli tomber.

Supposez moins de haine dans le cœur de Marie-Antoinette, et peut-être à cette heure la Gironde était-elle détruite.

Il ne fallait pas laisser à la cour le temps de réparer la faute qu'elle venait de commettre.

Il fallait rendre sa force et sa direction au courant révolutionnaire qui, en un instant, venait de rebrousser chemin et de remonter vers sa source.

Chacun cherchait, chacun croyait avoir trouvé un moyen, — puis, ce moyen proposé, on voyait son inefficacité et l'on y renonçait.

Madame Roland, l'âme du parti, voulait arriver par une grande commotion dans l'Assemblée. — Cette commotion, qui pouvait la produire? — Ce coup qui pouvait le porter?

Vergniaud.

Mais que faisait cet Achille sous sa tente, — ou plutôt ce Renaud perdu dans les jardins d'Armide.

Il aimait.

Il est si difficile de haïr quand on aime.

Il aimait la belle madame Simon Candeilles, — actrice, — poëte, — musicienne, — ses amis le cherchaient parfois deux ou trois jours sans le rencontrer, puis enfin ils le trouvaient couché aux pieds de la charmante femme, une main étendue sur ses genoux, l'autre effleurant distraitement les cordes de sa harpe.

Puis, chaque soir, à l'orchestre du théâtre, il allait applaudir celle qu'il adorait tout le jour.

Un soir, deux députés sortirent désespérés de l'Assemblée. — Cette inaction de Vergniaud les épouvantait pour la France.

C'était Grangeneuve et Chabot.

Grangeneuve, l'avocat de Bordeaux,

l'ami, le rival de Vergniaud, député comme lui de la Gironde.

Chabot, le capucin défroqué, — l'auteur ou l'un des auteurs du catéchisme des sans-culottes, — qui répandait sur la royauté et la religion le fiel amassé dans le cloître.

Grangeneuve, sombre et pensif, marchait près de Chabot.

Celui-ci le regardait, et il lui semblait voir passer sur le front de son collègue l'ombre de ses pensées.

— A quoi songes-tu? lui demanda Chabot.

— Je songe, lui répondit celui-ci, que

toutes ces lenteurs énervent la patrie et tuent la révolution.

— Ah! tu penses cela! lui répondit Chabot avec ce rire amer qui lui était habituel.

— Je songe, continua Grangeneuve, que, si le peuple donne du temps à la royauté, le peuple est perdu.

Chabot fit entendre un rire strident.

— Je songe, — acheva Grangeneuve, — qu'il n'y a qu'une heure pour les révolutions, — que ceux qui la laissent échapper ne la retrouvent pas, et en doivent compte plus tard à Dieu et à la postérité.

— Eh! tu crois que Dieu et la postérité nous demanderons compte de notre paresse et de notre inaction ?

— J'en ai peur.

Puis après un silence :

— Tiens, Chabot, — reprit Grangeneuve, — j'ai une conviction, c'est que le peuple est las de son dernier échec, — c'est qu'il ne se lèvera plus sans quelque puissant levier, sans quelque sanglant mobile ; — il lui faut un accès de rage ou de terreur, — où il puise un redoublement d'énergie.

— Comment le lui donner cet accès de rage ou de terreur? — demanda Chabot.

— C'est à quoi je pense, — dit Grangeneuve, — et je crois que j'en ai trouvé le secret.

Chabot se rapprocha de lui. — A l'intonnation de la voix de son compagnon, il comprit qu'il allait lui proposer quelque chose de terrible.

— Mais, continua Grangeneuve, trouverais-je également un homme capable de la résolution nécessaire à un pareil acte?

— Parle, dit Chabot avec un accent de fermeté qui ne devait pas laisser de doute à son collègue, — je suis capable de tout pour détruire ce que je hais, et je hais les rois et les prêtres.

— Eh bien ! dit Grangeneuve en jetant les yeux sur le pavé, j'ai vu qu'il y avait du sang pur au berceau de toutes les révolutions, — depuis celui de Lucrèce jusqu'à celui de Sidney. — Pour les hommes d'État, les révolutions sont une théorie ; — pour les peuples, les révolutions sont une vengeance ; or, pour pousser la multitude à la vengeance, il lui faut une victime. Cette victime, la cour nous la refuse ; donnons-la nous-mêmes à notre cause.

— Je ne comprends pas, dit Chabot.

— Eh bien ! il faut qu'un de nous, — un des plus connus, un des plus acharnés, un des plus purs tombe sous les coups des aristocrates.

— Continue.

— Il faut que celui qui tombera fasse partie de l'Assemblée nationale, afin que l'Assemblée prenne la vengeance en main. — Il faut enfin que cette victime ce soit moi.

— Mais les aristocrates ne te frapperont pas, Grangeneuve, — ils s'en garderont bien.

— Je le sais, voilà pourquoi je disais qu'il faudrait trouver un homme de résolution.

— Pourquoi faire ?

— Pour me frapper.

Chabot recula d'un pas, mais Grangeneuve le saisit par le bras :

— Chabot, lui dit-il tout à l'heure, tu prétendais que tu étais capable de tout pour détruire ce que tu haïssais. — Es-tu capable de m'assassiner ?

Le moine resta muet, Grangeneuve continua.

— Ma parole est éteinte, — ma vie est inutile à la liberté, — tandis qu'au contraire, ma mort lui profitera, — mon cadavre sera l'étendard de l'insurrection, et je te le dis, — Grangeneuve, d'un geste véhément étendit la main vers les Tuileries, — il faut que ce château, et ceux qu'il renferme disparaissent dans une tempête.

Chabot regardait Grangeneuve en frémissant d'admiration.

— Eh bien ! insista Grangeneuve.

— Eh bien ! sublime Diogène, dit Chabot, éteins ta lanterne, l'homme est trouvé.

— Alors, arrêtons tout, dit Grangeneuve, et que ce soit terminé ce soir même. — Cette nuit, je me promènerai seul ici ou en face des guichets du Louvre, dans l'endroit le plus désert et le plus sombre. Si tu crains que la main ne te faillisse, préviens deux autres patriotes ; — je ferai ce signe pour qu'ils me reconnaissent.

Grangeneuve leva ses deux bras en l'air.

— Ils me frapperont, et, je te le promets, je tomberai sans pousser un cri.

Chabot passa son mouchoir sur son front.

— Au jour, — continua Grangeneuve, — on trouvera mon cadavre ; tu accuseras la cour ; la vengeance du peuple fera le reste.

— C'est bien, dit Chabot, à cette nuit.

Et les deux étranges conjurés se serrèrent la main et se quittèrent.

Grangeneuve rentra chez lui et fit son testament qu'il data de Bordeaux et d'un an en arrière.

Chabot s'en alla dîner au Palais-Royal.

Après le dîner, il entra chez un coutelier et acheta un couteau.

En sortant de chez le coutelier, ses regards tombèrent sur les affiches des théâtres.

Madame Candeille jouait; — le moine savait où trouver Vergniaud. — Il alla à la Comédie-Française, — monta à la loge de la belle comédienne, et trouva chez elle sa cour ordinaire, — Vergniaud, Talma, Chénier, Dugazon.

Elle jouait dans deux pièces.

Chabot resta jusqu'à la fin du spectacle.

Puis, quand le spectacle fut fini, la belle actrice déshabillée, et que Vergniaud s'apprêta à la reconduire dans la rue de Richelieu, rue où elle demeurait du temps où la Comédie-Française y demeurait aussi, il monta derrière Vergniaud dans la voiture.

— Vous avez quelque chose à me dire, Chabot, demanda Vergniaud, qui comprenait que le capucin avait affaire à lui.

— Oui, mais soyez tranquille, ce ne sera pas long.

— Dites tout de suite alors.

Chabot tira sa montre.

— Il n'est pas l'heure, dit-il.

— Et quand sera-t-il l'heure ?

— A minuit.

La belle Candeille tremblait à ce dialogue mystérieux.

— Oh ! Monsieur, murmura-t-elle.

— Soyez tranquille, dit Chabot, Vergniaud n'a rien à craindre, seulement la patrie a besoin de lui.

La voiture roula vers la demeure de l'actrice.

La femme et les deux hommes demeurèrent silencieux.

A la porte de mademoiselle Candeille :

— Montez-vous? demanda Vergniaud.

— Non, vous allez venir avec moi.

— Mais où l'emmenez-vous, mon Dieu? demanda l'actrice.

— A deux cents pas d'ici; dans un quart d'heure il sera libre, je vous le promets.

Vergniaud serra la main de sa belle maîtresse, lui fit un signe pour la rassurer et s'éloigna avec Chabot par la rue Traversière ; ils franchirent la rue Saint-Honoré et prirent la rue de l'Échelle. Au coin de la rue de l'Échelle, le moine pesa d'une main sur l'épaule de Vergniaud et de l'autre lui montra un homme qui se promenait le long des murailles désertes du Louvre.

— Vois-tu ? demanda-t-il à Vergniaud.

— Quoi ?

— Cet homme.

— Oui, répondit le Girondin.

— Eh bien, c'est ton collègue Grange-neuve.

— Que fait-il là ?

— Il attend.

— Qu'attend-t-il ?

— Qu'on le tue.

— Qu'on le tue?

— Oui.

— Et qui doit le tuer?

— Moi.

Vergniaud regarda Chabot comme on regarde un fou.

— Rappelle-toi Sparte, rappelle-toi Rome, dit Chabot, et écoute.

Alors il lui raconta tout.

A mesure que le moine parlait, Vergniaud courbait la tête.

Il comprenait bien qu'il y avait loin de lui, tribun efféminé, lion amoureux, à ce républicain terrible qui, comme Décius, ne demandait qu'un gouffre où se précipiter, pourvu que sa mort sauvât la patrie.

— C'est bien, dit-il, je demande trois jours pour préparer mon discours.

— Et dans trois jours?

— Sois tranquille, dit Vergniaud, — dans trois jours je me briserai contre l'idole ou je la renverserai.

— J'ai ta parole, Vergniaud.

— Oui.

— C'est celle d'un homme.

— C'est celle d'un républicain.

— Alors je n'ai plus besoin de toi, va rassurer ta maîtresse.

Vergniaud reprit le chemin de la rue Richelieu.

Chabot s'avança vers Grangeneuve.

Celui-ci, voyant un homme venir à lui, — se retira dans l'endroit le plus sombre.

Chabot l'y suivit.

Grangeneuve s'arrêta au pied de la muraille, ne pouvant pas aller plus loin.

Chabot s'approcha de lui.

Grangeneuve fit le signe convenu en levant les bras.

Puis, comme Chabot restait immobile :

— Eh bien! dit Grangeneuve, qui t'arrête? frappe donc.

— C'est inutile, dit Chabot, Vergniaud parlera.

— Soit, dit Grangeneuve avec un soupir, mais je crois que l'autre moyen valait mieux.

Que voulez-vous que fît la royauté contre de pareils hommes ?

V

Vergniaud parle.

Il était temps que Vergniaud se décidât.

Le danger croissait au dehors, au dedans.

Au dehors, à Ratisbonne, le conseil

des ambassadeurs avait unaniment refusé de recevoir le ministre de France.

L'Angleterre, qui s'intitulait notre amie, préparait un armement immense.

Les princes de l'empire, qui vantaient tout haut leur neutralité, introduisaient nuitamment l'ennemi dans leurs places.

Le duc de Bade avait mis des Autrichiens dans Kehl, à une lieue de Strasbourg.

En Flandre, c'était pis encore, Luckner, un vieux soudard imbécile qui contrecarrait tous les plans de Dumouriez, le seul homme, sinon de génie, du moins de tête, que nous eussions en face de l'ennemi.

Lafayette était à la cour, et sa dernière démarche avait bien prouvé que l'Assemblée, c'est-à-dire la France, ne devait pas compter sur lui.

Enfin Byron, brave et de bonne foi, découragé par nos premiers revers, ne comprenait qu'une guerre définitive.

Voilà pour le dehors.

Au dedans, l'Alsace demandait à grands cris des armes, mais le ministre de la guerre, tout à la cour, n'avait garde de lui en envoyer.

Dans le midi, un lieutenant-général des princes, gouverneur du Bas-Languedoc et des Cévennes, faisait vérifier ses pouvoirs par la noblesse.

A l'ouest, un simple paysan, Allan Redeler, publie, à l'issue de la messe, que le rendez-vous en armes est donné aux amis du roi près d'une chapelle voisine.

Cinq cents s'y réunissent du premier coup; la chouannerie était plantée en Vendée et en Bretagne, il ne lui restait plus qu'à pousser.

Enfin de tous côtés arrivaient des directoires départementaux des adresses contre-révolutionnaires.

Le danger était grand, menaçant, terrible; si grand, que ce n'était plus les hommes qu'il menaçait ; c'était la patrie.

Aussi, sans avoir été proclamés tout haut, ces mots couraient tout bas :

« La patrie est en danger ! »

Au reste, l'Assemblée attendait.

Chabot et Grangeneuve avaient dit :

— Dans trois jours Vergniaud parlera.

Et l'on comptait les heures qui s'écoulaient.

Ni le premier ni le second jour Vergniaud ne parut à l'Assemblée.

Le troisième jour, chacun arriva frémissant.

Pas un député ne manquait à son banc ; les tribunes étaient combles.

Le dernier de tous, Vergniaud entra.

Un frissonnement courut dans l'Assemblée ; les tribunes applaudirent, comme fait le parterre à l'entrée d'un acteur aimé.

Vergniaud releva la tête pour chercher des yeux qui l'on applaudissait. Les applaudissements, en redoublant, lui apprirent que c'était lui.

Vergniaud avait alors trente-trois ans à peine. Son caractère était méditatif et paresseux; son génie indolent se plaisait aux nonchalances; ardent seulement au plaisir, on eut dit qu'il se hâtait de cueillir à pleines mains les fleurs d'une jeunesse qui devait avoir un si court printemps. Il se couchait tard et se levait au milieu du jour. Quand il devait parler, trois ou quatre jours d'avance, il préparait son discours, le polissait, le fourbissait, l'aiguisait, comme un soldat qui va charger aiguise, fourbit, polit ses armes; c'était, comme orateur, ce qu'on appelle dans une salle d'escrime un beau tireur. Le coup ne lui paraissait bon que s'il était brillamment porté et fortement applaudi. Il fallait le réserver, pour le faire parler, dans les moments de danger, dans les instants suprêmes.

Ce n'était pas l'homme de toutes les heures, — a dit un poète; — c'était l'homme des grandes journées.

Quant au physique, Vergniaud était plutôt petit que grand; seulement il était d'une taille robuste et qui sentait l'athlète; ses cheveux étaient longs et flottants; dans ses mouvements oratoires, il les secouait comme un lion fait de sa crinière; au-dessus de son front large, ombragés par d'épais sourcils, brillaient deux yeux noirs pleins de douceur ou de flamme; le nez était court, un peu large, fièrement relevé aux ailes; les lèvres étaient grosses, et, comme de l'ouverture d'une source jaillit l'eau abondante et sonore, les paroles tombaient de sa bouche en cascades puissantes, pleines d'écume et de bruit; toute marquée de petite vérole, sa peau semblait diamantée comme le marbre, non pas encore poli par le ciseau du statuaire, mais dégrossi seulement par le marteau du praticien ; son teint pâle, ou se colorait de pourpre, ou devenait livide, selon que le sang lui montait au visage ou se retirait vers le cœur ; dans le repos et dans la foule, c'était un homme ordinaire, sur lequel l'œil de l'historien, si perçant qu'il fût, n'eût eu aucune raison pour s'arrêter ; mais quand la flamme de la passion faisait bouillonner son sang, quand les muscles de son visage palpitaient, quand son bras étendu commandait le silence et dominait la foule, l'homme devenait dieu, l'orateur se transfigurait ; la tribune était son Thabor.

Tel était l'homme qui arrivait la main fermée encore, mais la main pleine d'éclairs.

Aux applaudissements qui éclatèrent à sa vue, il devina ce que l'on attendait de lui.

Il ne demanda point la parole, il marcha droit à la tribune ; il y monta, et au milieu d'un silence plein de frémissements, il commença son discours.

Ses premières paroles furent dites

avec l'accent triste, profond, concentré, d'un homme abattu. Il semblait fatigué, dès le commencement, comme on l'est d'ordinaire à la fin. C'est que, depuis trois jours, il luttait avec le génie de l'éloquence, comme Jacob avec l'Ange ; c'est qu'il savait, comme Samson, que dans l'effort suprême qu'il allait tenter, il renverserait infailliblement le temple, et qu'ayant monté à la tribune au milieu de ses colonnes encore debout, de sa voûte encore suspendue, il en descendrait en enjambant par-dessus les ruines de la royauté.

Comme le génie de Vergniaud est tout entier dans ce discours, nous le citerons tout entier. Nous croyons qu'on éprouvera en le lisant la même curiosité qu'on éprouverait, en visitant un arsenal, pour une de ces machines de guerre historiques qui auraient renversé les murailles de Sagonte, de Rome ou de Carthage.

« Citoyens, — dit Vergniaud d'une voix à peine intelligible d'abord, mais qui devint bientôt grave, sonore, grondante ; — citoyens, je viens à vous, et je vous demande :

« Quelle est donc l'étrange situation où se trouve l'Assemblée nationale ? Quelle fatalité nous poursuit et signale chaque journée par des événements qui, portant le désordre dans nos travaux, nous rejettent sans cesse dans l'agitation tumultueuse des inquiétudes, des espérances, des passions? Quelle destinée prépare à la France cette terrible effervescence au sein de laquelle on serait tenté de douter si la révolution rétrograde ou si elle avance vers son terme ! Au moment où nos armées du Nord paraissent faire des progrès dans la Belgique, nous les voyons tout-à-coup se replier devant l'ennemi; on ramène la guerre sur notre territoire ; il ne restera de nous, chez les les malheureux Belges, que le souvenir des incendies qui auront éclairé notre retraite. Du côté du Rhin, les Prussiens s'accumulent incessamment sur nos frontières découvertes. Comment se fait-il que ce soit précisément au moment d'une crise si décisive pour l'existence de la nation que l'on suspende le mouvement de nos armées, et que, par une prompte désorganisation du ministère, on rompe les liens de la confiance, et on livre au hasard et à des mains inexpérimentées le salut de l'empire! Serait-il vrai qu'on redoute nos triomphes? Est-ce du sang de l'armée de Coblentz ou du nôtre qu'on est avare? Si le fanatisme des prêtres menace de nous livrer à la fois aux déchirements de la guerre civile et à l'invasion, quelle est donc l'intention de ceux qui font rejeter, avec une invincible opiniâtreté, la sanction de nos décrets? Veulent-ils régner sur des villes abandonnées, sur des champs dévastés? Quelle est au juste la quantité de larmes, de misère, de sang, de morts qui suffit à leur vengeance? Où en sommes-nous, enfin ? Et vous, Messieurs, dont les ennemis de la Constitution se flattent d'avoir ébranlé le courage ; vous dont ils tentent chaque jour d'alarmer la conscience et la probité, en qualifiant votre amour de la liberté, d'esprit de faction, comme si vous aviez oublié qu'une cour despotique et les lâches héros de l'aristocratie ont donné ce nom de factieux aux représentants qui allèrent prêter serment au Jeu de Paume, aux vainqueurs de la Bastille, à tous ceux qui ont fait et soutenu la Révolution ; vous qu'on ne calomnie que parce que vous êtes étrangers à la caste que la Constitution a renversée dans la poussière, et que les hommes dégradés qui regrettent l'infâme honneur de ramper devant elle n'espèrent pas de trouver en vous des complices ; vous qu'on voudrait aliéner du peuple, parce qu'on sait que le peuple est votre appui, et que si, par une coupable désertion de sa cause, vous méritiez d'être abandonnés de lui, il serait aisé de vous dissoudre ; vous qu'on a voulu diviser, mais qui ajournerez après la guerre vos divisions et vos querelles, et qui ne trouvez pas si doux de vous haïr, que vous préfériez cette infernale jouissance au salut de la patrie ; vous qu'on a voulu épouvanter par des pétitions armées, comme si vous ne saviez pas qu'au commencement de la Révolution le sanctuaire de la liberté fut environné des satellites du despotisme, Paris assiégé par l'armée de la cour, et que ces jours de danger furent les jours de gloire de notre première assemblée. Je vais enfin appeler votre attention sur l'état de crise où nous sommes. Ces troubles intérieurs ont deux causes : manœuvres aristocratiques, manœuvres sacerdotales ; toutes tendent au même but, la contre-révolution.

« Le roi a refusé sa sanction à notre décret sur les troubles religieux, je ne sais pas si le sombre génie de Médicis et du cardinal de Lorraine, erre encore sous les voûtes du palais des Tuileries, et si le cœur du roi est troublé par les idées fantastiques qu'on lui suggère ; mais il n'est pas permis de croire, sans lui faire injure et sans l'accuser d'être l'ennemi le plus dangereux de la révolution, qu'il veuille encourager par l'impunité les tentatives criminelles de l'ambition sacerdotale et rendre aux orgueilleux supports de la tiare la puissance dont ils ont également opprimés les peuples et les rois ; il n'est pas permis de croire, sans lui faire injure, et sans le déclarer le plus cruel ennemi de l'empire, qu'il se complaise à perpétuer les séditions, à éterniser les désordres qui le précipiteraient, par la guerre civile, vers sa ruine; j'en conclus que s'il résiste à vos décrets, c'est qu'il se juge assez puissant, sans les moyens que vous lui offrez, pour maintenir la paix publique ; si donc la paix publique n'est pas maintenue, que le fanatisme menace encore d'incendier le royaume, que les violences religieuses, désolent toujours les départements, c'est que les agents de l'autorité royale sont eux-mêmes la cause de tous nos maux ; eh bien ! qu'ils répondent sur leur tête de tous les troubles dont la religion sera le prétexte ; montrez, dans cette responsabilité terrible, le terme de votre patience et des inquiétudes de la nation.

« Votre sollicitude pour la sûreté extérieure de l'empire vous a fait décréter un camp sous Paris, tous les fédérés de la France devaient y venir le 14 juillet répéter le serment de vivre libres ou de mourir. Le souffle empoisonné de la calomnie a flétri ce projet ; le roi a refusé sa sanction, je respecte trop l'exercice d'un droit constitutionnel, pour vous proposer de rendre les ministres responsables de ce refus; mais s'il arrive qu'avant le rassemblement des bataillons le sol de la liberté soit profané, vous devez les traiter comme des traîtres. Il faudra les jeter eux-mêmes dans l'abîme que leur incurie ou leur malveillance aura creusé sous les pas de la liberté; déchirons enfin le bandeau que l'intrigue et l'adulation ont mis sur les yeux du roi et montrons lui le terme où des amis perfides s'efforcent de le conduire.

« C'est au nom du roi que les princes français soulèvent contre nous les cours de l'Europe, c'est pour venger la dignité du roi que s'est conclu le traité de Pilnitz;

c'est pour défendre le roi qu'on voit accourir en Allemagne, sous le drapeau de la rébellion, les anciennes compagnies des gardes-du-corps ; c'est pour venir au secours du roi que les émigrés s'enrôlent dans les armées autrichiennes et s'apprêtent à déchirer le sein de la patrie ; c'est pour se joindre à ces preux chevaliers de la prérogative royale que d'autres abandonnent leur poste en présence de l'ennemi, trahissant leurs serments, volent les caisses, corrompent les soldats et placent ainsi leur honneur dans la lâcheté, le parjure, l'insubordination, le vol et les assassinats ; enfin le nom du roi est dans tous les désastres.

« Or, je lis dans la Constitution : si le

roi se met à la tête d'une armée et en dirige les forces contre la nation, ou s'il ne s'oppose pas par un acte formel à une telle entreprise exécutée en son nom, il sera censé avoir abdiqué la royauté ; c'est en vain que le roi répondrait : il est vrai que les ennemis de la nation prétendent n'agir que pour relever ma puissance ; mais j'ai prouvé que je n'étais pas leur complice ; j'ai obéi à la Constitution ; j'ai mis des troupes en campagne ; il est vrai que ces armées étaient trop faibles, mais la Constitution ne désigne pas le degré de force que je devais leur donner ; il est vrai que je les ai rassemblées trop tard, mais la Constitution ne désigne pas le temps auquel je devais les rassembler ; il est vrai que des camps de réserve auraient pu les soutenir, mais la Constitution ne m'oblige pas à former des camps de réserve ; il est vrai que lorsque les généraux s'avançaient sans résistance sur le territoire ennemi, je leur ai ordonné de reculer, mais la Constitution ne me commande pas de remporter la victoire ; il est vrai que mes ministres ont trompé l'Assemblée nationale sur le nombre, la disposition des troupes et leurs approvisionnements ; mais la Constitution me donne le droit de choisir mes ministres, elle ne m'ordonne nulle part d'accorder ma confiance aux patriotes et de chasser les contre-révolutionnaires ; il est vrai que l'Assemblée nationale a rendu des décrets nécessaires à la défense de la patrie, et que j'ai refusé de les sanctionner, mais la Constitution me garantit cette faculté ; il est vrai enfin que la contre-révolution s'opère, que le despotisme va remettre entre mes mains son sceptre de fer, que je vous écraserai, que vous allez ramper, que je vous punirai d'avoir eu l'insolence de vouloir être libres, mais tout cela se fait constitutionnellement, Il n'est émané de moi aucun acte que la Constitution condamne; il n'est donc pas permis de douter de ma fidélité envers elle et de mon zèle pour sa défense.

« S'il était possible, Messieurs, que dans les calamités d'une guerre funeste, dans les désordres d'un bouleversement contre-révolutionnaire, le roi des Français tint ce langage dérisoire ; s'il était possible qu'il leur parlât de son amour pour la Constitution avec une ironie aussi insultante, ne serions-nous pas en droit de lui répondre ?

« O roi, qui sans doute avez cru, avec le tyran Lysandre, que la vérité ne valait pas mieux que le mensonge, et qu'il fallait amuser les hommes par des serments, comme on amuse les enfants avec des osselets, qui n'avez feint d'aimer les lois que pour conserver la puissance qui vous servirait à les braver, la Constitution que pour qu'elle ne vous précipitât pas du trône ou vous aviez besoin de rester pour la détruire, la nation que pour assurer le succès de vos perfidies en lui inspirant de la confiance ; pensez-vous nous abuser aujourd'hui avec d'hypocrites protestations? Pensez-vous nous donner le change sur la cause de nos malheurs, par l'artifice de vos excuses et l'audace de vos sophismes? Était-ce nous défendre que d'opposer aux soldats étrangers des forces dont l'infériorité ne laissait pas même l'incertitude sur leur défaite? Était-ce nous défendre que d'écarter les projets, tendant à fortifier l'intérieur du royaume, ou de faire des préparatifs de résistance, pour l'époque ou nous serions déjà devenus la proie des tyrans? Était-ce nous défendre que de ne pas réprimer un général qui violait la Constitution, et d'enchaîner le courage de ceux qui la servaient? Était-ce nous défendre que de paralyser sans cesse le gouvernement par la désorganisation continuelle du ministère? La Constitution vous laissa-t-elle le choix des ministres, pour notre bonheur, ou notre ruine? Vous fit-elle chef de l'armée pour notre gloire, ou notre honte? Vous donna-t-elle enfin le droit de sanction, une liste civile et tant de grandes prérogatives, pour perdre constitutionnellement la Constitution et l'empire? Non, non, homme que la générosité des Français n'a pu émouvoir, homme que le seul amour du despotisme a pu rendre sensible, vous n'avez pas rempli le vœu de la Constitution, elle peut être renversée, mais vous ne recueillerez pas le fruit de votre parjure. Vous ne vous êtes point opposé par un acte formel aux victoires qui se remporteraient en votre nom sur la liberté, mais vous ne recueillerez point le fruit de ces indignes triomphes, vous n'êtes plus rien pour cette Constitution que vous avez si indignement violée, pour ce peuple, que vous avez si lâchement trahi.

« Comme les faits que je viens de rapporter ne sont pas dénués de rapports très-frappants avec plusieurs actes et plusieurs rapports du roi; comme il est certain que les faux amis qui l'environnent sont vendus aux conjurés de Coblentz et qu'ils brulent de perdre le roi, pour transporter la couronne sur la tête de quelques-uns des chefs de leur complot; comme il importe à sa sûreté personnelle, autant qu'à la sûreté de l'empire, que sa conduite ne soit plus environnée de soupçons, je proposerai une adresse, qui lui rappelle les vérités que je viens de faire entendre et ou on lui démontrera que la neutralité qu'il garde entre la patrie et Coblentz, serait une trahison envers la France.

« Je demande de plus que vous déclariez que la patrie est en danger, vous verrez à ce cri d'alarme, tous les citoyens se rallier, la terre se couvrir de soldats et se renouveler les prodiges qui ont couvert de gloire, les peuples de l'antiquité. Les Français régénérés de 89 sont-ils déchus de ce patriotisme; le jour n'est-il pas venu de réunir ceux qui sont dans Rome et ceux qui sont sur le mont Aventin? Attendez-vous, que las des fatigues de la révolution ou corrompus par l'habitude de parader autour d'un château, des hommes faibles s'accoutument à parler de liberté sans enthousiasme et d'esclavage sans horreur? Que nous prépare-t-on? Est-ce le gouvernement militaire que l'on veut établir? On soupçonne la cour de projets perfides, elle fait parler de mouvements militaires, de lois martiales, on familiarise l'imagination avec le sang du peuple. Le palais du roi des Français s'est tout-à-coup changé en château fort ; où sont cependant ces ennemis? Contre qui se pointent ces canons, ces bayonnettes? Les amis de la

Constitution ont été repoussés du ministère. Les rênes de l'empire demeurent flottantes au hasard à l'instant où pour les soutenir, il fallait autant de vigueur que de patriotisme. Partout on fomente la discorde, le fanatisme triomphe, la connivence du gouvernement accroit l'audace des puissances étrangères qui vomissent contre nous des armées et des fers et qui refroidit la sympathie des peuples qui font des vœux secrets pour le triomphe de la liberté. Ces cohortes ennemies s'ébranlent, l'intrigue et la perfidie trâment des trahisons. Le Corps Législatif oppose à ces complots des décrets rigoureux mais nécessaires; la main du roi les déchire. Appelez, il en est temps, appelez tous les Français pour sauver la patrie ; montrez leur le gouffre dans toute son immensité ; ce n'est pas par un effort extraordinaire qu'il pourront le franchir, c'est à vous de les y préparer par un mouvement électrique, qui fasse prendre l'élan à tout l'empire. Imitez vous-mêmes les Spartiates des Thermopyles où ces vieillards vénérables du sénat romain qui allèrent attendre, sur le seuil de leur porte, la mort que de farouches vainqueurs apportaient à leur patrie. Non, vous n'avez pas besoin de faire des vœux pour qu'il naisse des vengeurs de vos cendres ; le jour où votre sang rougira la terre, la tyrannie, son orgueil, ses palais, ses protecteurs s'évanouiront à jamais devant la toute-puissance nationale et devant la colère du peuple. »

Il y avait dans ce discours terrible une force ascendante, une gradation croissante, un crescendo de tempête, qui allait battant l'air d'une aile immense et pareille à celle de l'ouragan.

Aussi, l'effet fut-il celui d'une trombe ; l'Assemblée toute entière, feuillans, royalistes, constitutionnels, républicains, députés, spectateurs, bancs, tribunes, tout fut enveloppé, entraîné, enlevé par le puissant tourbillon, tous poussèrent des cris d'enthousiasme.

Le même soir, Barbaroux écrivait à

son ami Rebecqui, resté à Marseille.

— Envoies-moi cinq cents hommes qui sachent mourir.

VI

Le troisième anniversaire de la prise de la Bastille.

Le 11 juillet, l'Assemblée déclara que la patrie était en danger.

Mais, pour promulguer la déclaration, il fallait l'autorisation du roi.

Le roi ne la donna que le 21 au soir.

Et en effet, proclamer que la patrie était en danger, c'était un aveu que l'autorité faisait de son impuissance, c'était un appel à la nation de se sauver elle-même, puisque le roi n'y pouvait ou n'y voulait plus rien.

Dans l'intervalle de ce 11 au 21 juillet, une grande terreur avait agité le château.

La cour s'attendait, pour le 14 juillet, à un complot contre la vie du roi.

Une adresse des Jacobins l'avait affermie dans cette croyance.

Elle était rédigée par Robespierre.

Il est facile de la reconnaître à son double tranchant.

Elle était adressée aux fédérés qui venaient à Paris, pour cette fête du 14 juillet, si cruellement ensanglantée l'année précédente.

« Salut aux Français des quatre-vingt-trois départements, disait l'incorruptible, salut aux Marseillais, salut à la patrie puissante, invincible, qui rassemble ses enfants autour d'elle, au jour de ses dangers et de ses fêtes ; ouvrons nos maisons à nos frères.

« Citoyens ! n'êtes-vous accourus que pour une vaine cérémonie de fédération et pour des serments superflus ? Non, non, vous accourez au cri de la nation qui vous appelle, menacée déhors, trahie dedans ; nos chefs perfides mènent nos armées au piége, nos généraux respectent le territoire du tyran autrichien et brûlent les villes de nos frères belges; un monstre, Lafayette, est venu insulter en face l'Assemblée nationale avilie, menacée, outragée, existe-t-elle encore? Tant d'attentats réveillent enfin la nation, et vous êtes accourus; les endormeurs du peuple vont essayer de les séduire, fuyez leurs caresses, fuyez leurs tables où l'on boit le modérantisme et l'oubli du devoir, gardez vos soupçons dans vos cœurs, l'heure fatale va sonner; voilà l'hôtel de la patrie, souffrirez-vous que de *lâches idoles* viennent se placer entre la liberté et vous pour usurper le culte qui lui est dû? Ne prêtons serment qu'à la patrie, entre les mains immortelles du roi de la nature ; tout nous rappelle à ce Champ-de-Mars le parjure de nos ennemis; nous ne pouvons y fouler un seul endroit qui n'y soit souillé du sang innocent qu'ils ont versé ! Purifiez ce sol, vengez ce sang et ne sortez de cette enceinte qu'après avoir décidé le salut de la patrie. »

Il était difficile de s'expliquer plus catégoriquement, jamais conseil d'assassinat n'a été donné en termes plus positifs, jamais représailles sanglantes n'ont été prêchées d'une voix plus claire et plus pressante.

Et c'était Robespierre, remarquez bien, le cauteleux tribun, le filandreux orateur qui, de sa voix doucereuse, disait aux députés des quatre-vingt-trois départements :

— « Mes amis, si vous m'en croyez, il faut tuer le roi. »

On eut grand peur aux Tuileries, le roi surtout, on était convaincu que le 20 juin n'avait d'autre but que l'assassinat du roi au milieu d'une bagarre ; et que, si le crime n'avait pas été commis, cela avait tout simplement tenu au courage du roi qui en avait imposé aux assassins.

Il y avait bien quelque chose de vrai dans tout cela.

Or, — disaient tout ce qui restait de

courtisans à ces deux condamnés, que l'on appelait le roi et la reine, —le crime qui vient d'échouer au 20 juin a été remis au 14 juillet.

On en était si convaincu, que l'on supplia le roi de mettre un plastron, afin que le premier coup de couteau ou la première balle, s'émoussant sur lui, ses amis eussent le temps d'arriver à son secours.

Hélas ! la reine n'avait plus là Andrée pour l'aider, comme la première fois, dans la besogne nocturne, et pour aller la nuit d'un pied et d'une main tremblante essayer, dans un coin reculé des Tuileries, comme elle avait fait à Versailles, la solidité de la cuirasse de soie.

Heureusement on avait conservé le plastron que le roi, lors de son premier voyage à Paris, avait essayé pour faire plaisir à la reine, puis avait refusé de le mettre.

Seulement, le roi était tellement surveillé, que l'on ne trouvait pas un instant pour le lui faire essayer une seconde fois et pour corriger les défauts qu'il pouvait avoir; madame Campan le porta trois jours sous sa robe.

Enfin, un matin qu'elle était dans la chambre de la reine, la reine étant couchée encore, le roi entra, ôta vivement son habit, tandis que madame Campan fermait les portes, et essaya le plastron.

Le plastron essayé, le roi tira madame Campan à lui, puis, tout bas :

— C'est pour faire plaisir à la reine, dit-il, que je fais ce que je fais, ils ne m'assassineront pas, Campan, soyez tranquille, leur plan est changé, et je dois m'attendre à un autre genre de mort; en tout cas, venez chez moi en sortant de chez la reine, j'ai quelque chose à vous confier.

Le Roi sortit.

La reine avait vu l'a-parté sans l'entendre; elle suivit avec inquiétude le roi des yeux et quand la porte se fut refermée derrière lui.

— Campan, demanda-t-elle, que vous disait donc le roi.

Madame Campan toute éplorée, se jeta à genoux devant le lit de la reine, qui lui tendit les deux mains, et lui répéta tout haut ce que le roi avait dit tout bas :

La reine secoua tristement la tête de haut en bas.

— Voici, dit-elle, c'est l'opinion du roi, et je commence à me ranger de son avis, le roi prétend que tout ce qui se passe en France, est une imitation de ce qui s'est passé en Angleterre, pendant le siècle dernier, il lit sans cesse l'histoire du malheureux Charles, pour se conduire mieux que n'a fait le roi d'Angleterre ; oui, oui, j'en suis à redouter un procès pour le roi, ma chère Campan, quant à moi, je suis étrangère, et ils m'assassineront, hélas ! que deviendront mes pauvres enfants.

Le reine ne put aller plus loin, sa force l'abandonna, elle éclata en sanglots.

Alors madame Campan se leva, et se hâta de préparer un verre d'eau sucrée avec de l'éther, mais la reine lui fit un signe de la main.

— Les maux de nerfs, ma pauvre Campan, dit-elle, sont les maladies des femmes heureuses ; mais tous les médicaments du monde ne peuvent rien contre les maladies de l'âme, depuis mes malheurs, je ne sens plus mon corps, je ne sens que ma destinée, ne dites rien de cela au roi, et allez le trouver.

Madame Campan hésitait à obéir.

— Eh bien ! qu'avez-vous, demanda la reine.

— Oh ! Madame ! s'écria madame Campan, j'ai à vous dire que j'ai fait pour Votre Majesté un corset pareil au plastron du roi, et qu'à genoux, je supplie Votre Majesté de le mettre.

— Merci, ma chère Campan, dit-elle.

—Ah ! Votre Majesté l'accepte donc, s'écria la femme de chambre toute joyeuse.

—Je l'accepte comme un remerciement de votre intention dévouée, mais je me garderai bien de le mettre.

Puis, lui prenant la main, l'attirant à voix basse :

— Je serai trop heureuse s'ils m'assassinent, — mon Dieu ! — ils auront fait plus que vous n'avez fait en me donnant la vie, ils m'en auront délivré, — va, Campan, — va.

Madame Campan sortit, il était temps, elle étouffait.

Dans le corridor, elle rencontra le roi qui venait au-devant d'elle, — en la voyant, il s'arrêta et lui tendit la main, — madame Campan saisit la main royale et voulut la baiser, mais le roi l'attirant à lui, l'embrassa sur les deux joues.

Puis, avant qu'elle ne fût revenue de son étonnement :

— Venez, dit-il.

Alors le roi marcha devant elle, et, s'arrêtant dans le corridor intérieur qui conduisait de sa chambre à celle du Dauphin, il s'arrêta, et, en cherchant de la main un ressort, il ouvrit une armoire parfaitement dissimulée dans la muraille, en ce que l'ouverture en était dissimulée dans les rainures brunes qui formaient la partie ombrée de ces pierres peintes.

C'était l'armoire de fer qu'il avait creusée et fermée avec l'aide de Gamin.

Un grand portefeuille plein de papiers était dans cette armoire, dont une des planches supportait quelques milliers de louis.

— Tenez, Campan, dit le roi, prenez ce portefeuille et emportez-le chez vous.

Madame Campan essaya de soulever le portefeuille, mais il était trop lourd.

— Sire, dit-elle, je ne puis.

—Attendez, attendez, dit le roi.

— Et, ayant refermé l'armoire, qui, une fois refermée, devenait invisible, il prit le portefeuille et le porta jusque dans le cabinet de madame Campan.

— Là, dit-il en s'essuyant le front.

— Sire, demanda madame Campan, que dois-je faire de ce portefeuille?

— La reine vous le dira, en même temps que ce qu'il contient.

Et le roi sortit.

Pour qu'on ne vit pas le portefeuille, madame Campan, avec effort, le glissa entre deux matelas de son lit, et entrant chez la reine :

— Madame, dit-elle, j'ai chez moi un

portefeuille que le roi vient d'y apporter; il m'a dit que Votre Majesté m'apprendrait, et ce qu'il contenait et ce qu'il y avait à en faire.

Alors la reine posa sa main sur celle de madame Campan qui, debout devant son lit attendait sa réponse.

— Campan, dit-elle, ce sont des pièces qui seraient mortelles au roi, si on allait, ce qu'à Dieu ne plaise, lui faire un procès; mais en même temps, et c'est sans doute cela qu'il veut que je vous dise, il y a dans ce portefeuille un procès-verbal d'un conseil dans lequel le roi a donné son avis contre la guerre, — il l'a fait signer par tous les ministres, et dans le cas même de ce procès, il compte qu'autant les autres pièces lui seraient nuisibles, autant celle-là lui serait utile.

— Mais, Madame, demanda la femme de chambre presque effrayée, que faut-il faire ?

— Ce que vous voudrez, Campan, pourvu qu'il soit en sûreté, vous en êtes seule responsable, seulement, vous ne vous éloignerez pas de moi, même quand vous ne serez pas de service, les circonstances sont telles que d'un moment à l'autre, je puis avoir besoin de vous ; en ce cas, Campan, comme vous êtes une de ces amies sur lesquelles on peut compter, je désire vous avoir sous la main.

La fête du 14 juillet arriva.

Il s'agissait pour la révolution, non pas d'assassiner Louis XVI, il est probable qu'on n'en eût pas même l'idée, mais de proclamer le triomphe de Pétion sur le roi.

A la suite du 20 juin, nous avons dit que Pétion avait été suspendu par le directoire de Paris.

Ce n'eut rien été, sans l'adhésion du roi, mais cette suspension avait été confirmée par une proclamation royale, envoyée à l'Assemblée.

Le 13, c'est-à-dire la veille de la fête

anniversaire de la prise de la Bastille, l'Assemblée, de son autorité privée, avait levé cette suspension.

Le 14, à onze heures, le roi descendit le grand escalier avec la reine et ses enfants, trois ou quatre mille hommes de troupes indécises l'escortaient, la reine cherchait en vain sur les visages des soldats et des gardes nationaux, quelque marque de sympathie, les plus dévoués détournaient la tête et évitaient son regard.

Quant au peuple, il n'y avait pas à s'y tromper, les cris de : vive Pétion! retentissaient de tous côtés ; puis, comme pour donner quelque chose de plus durable à cette ovation, que l'enthousiasme du moment sur tous les chapeaux, le roi et la reine pouvaient lire ces deux mots qui constataient à la fois, et leur défaite et le triomphe de leur ennemi.

— Vive Pétion !

La reine était pâle et tremblante, convaincue malgré ce qu'elle avait dit à madame Campan, qu'un complot existait contre les jours du roi, elle tressaillait à chaque instant, croyant voir s'allonger une main armée d'un couteau s'abaisser, un bras armé d'un pistolet.

Arrivé au Champ-de-Mars, le roi descendit de voiture, pris place à la gauche du président, et s'avança avec lui vers l'autel de la Patrie.

Là, la reine dût se séparer du roi pour monter avec ses enfants à la tribune qui lui était réservée.

Elle s'arrêta, refusant de monter, avant qu'il fut arrivé, et le suivant des yeux.

Au pied de l'autel de la patrie, il y eut une de ces houles subites comme en font les multitudes.

Le roi disparut comme submergé.

La reine jeta un cri et voulut s'élancer vers lui.

Mais il reparut, montant les degrés de l'autel de la Patrie.

Parmi les symboles ordinaires qui figurent dans les pompes solennelles, tels que la justice, la force, la liberté, il y avait un homme, vêtu de noir, et couronné de cyprès, portant une chose mystérieuse et redoutable qu'on voyait briller sous un crêpe.

Ce symbole terrible, attirait particulièrement les yeux de la reine.

Elle était comme clouée à sa place et à peu près rassurée sur le roi, qui avait atteint le sommet de l'autel de la Patrie, elle ne pouvait détacher ses yeux de la sombre statue.

Enfin, faisant un effort pour délier les chaînes de sa langue:

— Quel est cet homme vêtu de noir et

couronné de cyprès, demanda-t-elle, sans s'adresser à personne.

Une voix répondit, qui la fit tressaillir.

— Le bourreau; avait répondu cette voix.

— Et que tient-il à la main sous ce crêpe, continua la reine.

— La hache de Charles Ier.

La reine se retourna pâlissante, il lui semblait avoir déjà entendu le son de cette voix.

Elle ne se trompait pas, celui qui venait de parler, c'était l'homme du château de Taverney, du pont de Sèvres, du retour de Varennes.

C'était Cagliostro, enfin.

Elle jeta un cri et tomba évanoui dans les bras de madame Elisabeth.

VI

La patrie en danger.

Le 22 juillet, à six heures du matin, huit jours après la fête du Champ-de-Mars, Paris tout entier, tressaillit au bruit d'une pièce de gros calibre tirée sur le Pont-Neuf.

Un canon de l'Arsenal lui répondit faisant écho.

D'heure en heure et pendant la journée, le bruissement terrible devait se renouveler.

Les six légions de la garde nationale, conduites par leurs six commandants, étaient réunies dès le point du jour à l'Hôtel-de-Ville.

On y organisa deux cortéges pour porter la proclamation dans les rues de Paris.

C'était Danton qui avait eu l'idée de la terrible fête, et il en avait demandé le programme à Sergent.

Sergent, artiste médiocre comme graveur, mais immense metteur en scènes,

— Sergent, dont les outrages qui l'avaient assailli aux Tuileries, avaient redoublé la haine; — Sergent avait déployé dans tout le programme de cette journée, cet appareil grandiose dont il donna le dernier mot au 10 août.

Chacun des deux cortéges, l'un qui devait descendre Paris, l'autre le remonter, partit de l'Hôtel-de-Ville à six heures du matin.

D'abord et en tête, marchait un détachement de cavalerie avec musique en avant, — l'air que jouait cette musique, composée pour la circonstance, était sombre et semblait une marche funèbre.

Derrière le détachement de cavalerie,

venaient six pièces de canon, marchant de front, là où les quais et les rues étaient assez larges, — marchant deux à deux dans les rues étroites.

Puis quatre huissiers à cheval, portant quatre enseignes, sur chacune desquelles étaient écrits un de ces quatre mots :

Liberté. — Égalité, — Constitution, — Patrie.

Puis douze officiers municipaux, en écharpe.

Puis seule, isolé comme la France, — un garde national à cheval, s'avançait, portant une grande bannière tricolore, sur laquelle étaient écrits ces mots :

Citoyens, la patrie est en danger !.

Puis, dans le même ordre que les premières, suivaient six pièces de canon, au retentissement profond, aux soubresauts sourds, puis venait un détachement de la garde nationale.

Puis la cavalerie.

A chaque place, à chaque pont, à chaque carrefour, le cortége s'arrêtait.

On commandait le silence par un roulement de tambour.

Puis, on agitait les bannières, et quand aucun bruit ne se faisait plus entendre, quand le souffle haletant de dix mille spectateurs était rentré captif dans leur poitrine, s'élevait la voix grave de l'officier municipal, qui lisait l'acte du corps législatif, et qui ajoutait :

— LA PATRIE EST EN DANGER !

Ce dernier cri était terrible et retentissait dans tous les cœurs.

C'était le cri de la nation, de la patrie, de la France.

C'était une mère à l'agonie, qui criait : A moi, mes enfants !

Et puis, d'heure en heure retentissait ce coup de canon du Pont-Neuf, avec son écho de l'Arsenal.

Sur toutes les grandes places de Paris,

— le parvis Notre-Dame en était le centre, — on avait dressé des amphithéâtres pour les enrôlements volontaires.

Sur cet amphithéâtre, était une large planche jetée sur deux tambours.

A chaque mouvement imprimé à l'amphithéâtre, les tambours gémissaient comme un souffle d'orage lointain.

Des tentes sur lesquelles flottaient des bannières tricolores, étaient dressées tout autour de l'amphithéâtre. Elles étaient en outre décorées de couronnes et de guirlandes de chênes.

Des municipaux en écharpe siégeaient autour de la table, et au fur et à mesure des enrôlements, donnaient des certificats aux enrôlés.

A chaque côté de l'amphithéâtre, — deux pièces de canon.

En avant de l'amphithéâtre, une musique incessante.

En avant des tentes et suivant la même ligne courbe qu'elles formaient elles-mêmes, un cercle de citoyens armés.

C'était à la fois grand et terrible : il y eut enivrement de patriotisme.

Chacun se précipitait pour être inscrit,

— les sentinelles ne pouvaient repousser ceux qui se présentaient, — à chaque instant les rangs étaient brisés.

Des deux escaliers de l'amphithéâtre, il y en avait un pour monter, l'autre pour descendre, — les deux escaliers de l'amphithéâtre ne suffisaient pas.

Chacun montait comme il pouvait, — aidé de ceux qui étaient déjà montés ; — puis son nom inscrit sur son certificat, il sautait à terre avec des cris de fierté, secouant son parchemin, chantant le *Ça ira* et allant baiser les canons bouche à bouche.

C'étaient les fiançailles du peuple français avec cette guerre de vingt-deux ans, qui, si elle ne l'a pas eu dans le passé, aura pour résultat dans l'avenir, la liberté du monde.

— Il y en avait de trop vieux, qui, fats sublimes, déguisaient leur âge; — il y en avait de trop jeunes qui, menteurs saints, se haussaient sur la pointe des pieds et répondaient: seize ans! quand ils n'en avaient que quatorze.

Ainsi partirent, — de la Bretagne :

Le vieux Latour-d'Auvergne.

Du midi :

Le jeune Viala.

Ceux qui étaient retenus par des liens

indissolubles pleuraient de ne pouvoir partir, ils cachaient de honte leurs têtes dans leurs mains, et les élus leur criaient :

— Mais chantez donc, vous autres, — mais criez donc : Vive la nation !

Et des cris soudains et terribles de : Vive la nation ! montaient dans les airs.

Tandis que d'heure en heure, toujours, tonnait le canon de Notre-Dame et son écho de l'Arsenal.

La fermentation était si grande, les esprits étaient si puissamment ébranlés, que l'Assemblée elle-même s'épouvanta de son ouvrage.

Elle nomma quatre membres pour sillonner Paris en tout sens.

Ils avaient mission de dire :

— Frères, au nom de la patrie, pas d'émeutes ; la cour en veut une pour obtenir l'éloignement du roi ; — pas de prétexte à la cour ; le roi doit rester parmi nous.

Puis ils ajoutaient tout bas, les terribles semeurs de paroles :

— Il faut qu'il soit puni.

Et l'on battait des mains partout où ces hommes passaient, et l'on entendait courir par la multitude comme on entend courir le souffle d'une tempête dans les branches d'une forêt.

— Il faut qu'il soit puni !

On ne disait pas qui, — mais chacun savait bien qui il voulait punir.

Cela dura jusqu'à minuit.

Jusqu'à minuit le canon tonna, jusqu'à minuit la foule stationna autour des amphithéâtres.

Beaucoup d'enrôlés restèrent là, — datant leur premier bivouac du pied de l'autel de la patrie.

Chaque coup de canon avait retenti jusqu'au cœur des Tuileries.

Le cœur des Tuileries, c'était la chambre des Tuileries, où Louis XVI, Marie-Antoinette, les enfants royaux et la princesse de Lamballe étaient rassemblés.

Ils ne se quittèrent pas pendant seize heures.

Ils sentaient bien que c'était leur sort qui s'agitait dans cette grande et solennelle journée.

La famille royale ne se sépara qu'à minuit passé, c'est-à-dire quand on sut que le canon avait cessé de tirer.

Depuis les attroupements des faubourgs, la reine ne couchait plus au rez-de-chaussée.

Ses amis avaient obtenu d'elle qu'elle

montât dans une pièce du premier étage située entre l'appartement du roi et celui du dauphin.

Éveillée d'habitude au point du jour, elle exigeait qu'on ne fermât ni volets ni persiennes, afin que ses insomnies fussent moins pénibles.

Madame Campan couchait dans la même chambre que la reine.

Disons à quelle occasion la reine avait consenti à ce qu'une de ses femmes couchât près d'elle.

Une nuit que la reine venait de se coucher, il était une heure du matin environ, madame Campan, debout devant le lit de Marie-Antoinette, et causant avec elle, on entendit tout-à-coup marcher dans le corridor, puis, retentit un bruit pareil à celui d'une lutte entre deux hommes.

Madame Campan voulut aller voir ce qui se passait, mais la reine, se cramponnant à sa femme de chambre ou plutôt à son amie :

— Ne me quittez pas, Campan, dit-elle.

Pendant ce temps, une voix cria du corridor.

— Ne craignez rien, Madame, c'est un scélérat qui voulait vous tuer, mais je le tiens.

C'était la voix du valet de chambre.

— Mon Dieu ! s'écria la reine en levant les mains au ciel, quelle existence ! des outrages le jour, des assassins la nuit.

Puis au valet de chambre :

— Lâchez cet homme, cria la reine, et ouvrez-lui la porte.

— Mais, Majesté ! fit madame Campan.

— Eh ! ma chère, si on l'arrêtait, il serait porté demain en triomphe par les Jacobins.

On cacha l'homme, qui était un garçon de toilette du roi.

Depuis ce jour, le roi avait obtenu que quelqu'un couchât dans la chambre de la reine.

Marie-Antoinette avait choisi madame Campan.

La nuit qui suivit la proclamation du danger de la patrie, madame Campan se réveilla vers deux heures du matin ; — un rayon de lune, comme une lumière nocturne, — comme une flamme amie, traversait les vîtres et venait se briser sur le lit de la reine, aux draps de laquelle elle donnait une teinte bleuâtre.

Madame Campan entendit soupirer la reine ; — elle comprit qu'elle ne dormait pas.

— Votre Majesté souffre-t-elle ? demanda madame Campan.

— Je souffre toujours, Campan ; — mais cependant j'espère que cette souffrance finira bientôt.

— Bon Dieu ! Madame, — s'écria la femme de chambre, Votre Majesté a-t-elle donc encore quelque sinistre pensée ?

— Non, — au contraire, Campan.

Puis, étendant sa main pâle, qui devenait plus pâle encore au contact du rayon de la lune :

— Dans un mois, dit-elle avec une mélancolie profonde, ce rayon de lune nous verra libres et dégagés de nos chaînes.

— Ah! s'écria madame Campan toute joyeuse, — avez-vous accepté le secours de M. de Lafayette, comme vous en prie M. de Lafayette, et allez-vous fuir?

— M. de Lafayette, — oh! non, Dieu merci, — dit la reine avec un accent de répugnance auquel il n'y avait point à se tromper; — non, — mais dans un mois mon neveu François sera à Paris.

— En êtes-vous bien sûre, Majesté? s'écria madame Campan effrayée.

— Oui, dit la reine, tout est décidé; — il y a alliance entre l'Autriche et la Prusse, les deux puissances combinées vont marcher sur Paris. Nous avons l'itinéraire des princes et des armées alliées, — et nous pouvons dire sûrement : Tel jour nos sauveurs seront à Valenciennes, — tel jour à Verdun, — tel jour à Paris.

— Et vous ne craignez pas...

Madame Campan s'arrêta.

— Qu'ils ne m'assassinent? — acheva la reine en finissant la phrase. — Il y a bien cela, je le sais, — mais que voulez-vous, Campan, — qui ne risque rien n'a rien.

— Et quel jour ces souverains alliés

espèrent-ils être à Paris? demanda madame Campan.

— Du 15 au 20 août, — répondit la reine.

— Dieu vous entende, — dit madame Campan.

Dieu, par bonheur, n'entendit pas.

Ou plutôt il entendit, et il envoya à la France un secours sur lequel il ne comptait point :

La Marseillaise !

VIII

La Marseillaise.

Ce qui rassurait la reine était justement ce qui eut dû l'épouvanter :

Le manifeste du duc de Brunswick.

Ce manifeste, qui ne devait revenir à Paris que le 26 juillet, rédigé aux Tuileries, était parti dans les premiers jours du mois.

Mais, en même temps à peu près que la cour rédigeait à Paris cette pièce insensée, dont tout-à-l'heure nous allons voir l'effet, — disons ce qui se passait à Strasbourg.

Strasbourg, une de nos villes les plus françaises, justement parce qu'elle sortait d'être autrichienne, — Strasbourg, un de nos plus solides boulevards, avait, nous l'avons dit, l'ennemi à ses portes.

Aussi était-ce à Strasbourg que se réunissaient depuis six mois, c'est-à-dire depuis qu'il était question de la guerre, ces jeunes bataillons de volontaires à l'esprit ardent et patriotique.

Strasbourg, mirant sa flèche sublime dans le Rhin qui nous séparait seul de l'ennemi, était à la fois un bouillonnant foyer de guerre, de jeunesse, de joie, de plaisir, de bal, de revue, où le bruit des instruments de guerre se mêlait incessamment à celui des instruments de fête.

De Strasbourg, où arrivaient par une porte les volontaires à former, sortaient par l'autre les sodats qu'on jugeait en état de se battre. — Là les amis se retrouvaient, s'embrassaient se disaient adieu, les sœurs pleuraient, les mères priaient, les pères disaient : Allez, et mourez pour la France !

— Et tout cela au bruit des cloches, au retentissement du canon, — ces deux voix de bronze qui parlent à Dieu, l'une pour invoquer sa miséricorde, l'autre sa justice.

A l'un de ces départs, plus solennels que les autres, parce qu'il était plus considérable, le maire de Strasbourg, Dietrich, bon et excellent patriote, invita ces braves jeunes gens à venir, dans un banquet, fraterniser chez lui, — avec les officiers de la garnison.

Les deux filles du maire, douze ou quinze de leurs compagnes, blondes et nobles filles de l'Alsace, qu'on eût prises à leur cheveux d'or pour des nymphes de Cérès, devaient, sinon présider, du moins, comme autant de bouquets de fleurs, embellir et parfumer le banquet.

Au nombre des convives, habitués de la maison de Dietrich, ami de la famille, était un jeune et noble franc-comtois nommé Rouget de l'Ile, — je l'ai connu vieux et lui-même, en me l'écrivant tout entière de sa main, m'a raconté la naissance de cette noble fleur de guerre, à l'éclosion de laquelle va assister le lecteur. — Rouget de l'Ile avait alors vingt ans, et était officier du génie dans la garnison.

Poëte et musicien, son piano était un des instruments que l'on entendait dans l'immense concert, sa voix, une de celle que l'on entendait parmi les plus fortes et les plus patriotiques.

Jamais banquet plus français, plus national, n'avait été éclairé par un plus ardent soleil de juin.

Nul ne parlait de soi, — tous parlaient de la France.

La mort était là, — c'était vrai, comme dans les banquets antiques, — mais la mort belle, souriante, tenant, non pas sa faulx hideuse et son sablier funèbre, mais d'une main une épée, de l'autre une palme.

On cherchait quel chant chanter, — le

vieux *Ça ira* était un chant de colère et de guerre civile, il fallait un cri patriotique fraternel et cependant menaçant pour l'étranger.

Quel serait le moderne Tyrtée, qui jeterait au milieu de la fumée des canons, du sifflement des boulets et des balles, l'hymne de la France à l'ennemi ?

A cette demande, Rouget de l'Ile, amoureux, enthousiaste patriote répondit :

— C'est moi !

Et il s'élança hors de la salle.

En une demi heure, tandis que l'on

s'inquiétait à peine de son absence, tout fut fait, — paroles et musique, tout fut fondu d'un jet, tout fut coulé dans le moule comme la statue d'un Dieu.

Rouget de l'Ile rentra, les cheveux rejetés en arrière, le front recouvert de sueur, hâletant du combat qu'il venait de soutenir contre ces deux sœurs sublimes : — la Musique et la Poésie.

— Écoutez, — dit-il, — écoutez tous.

Il était sûr de sa muse, le noble jeune homme.

A sa voix, tout le monde se tourna, les uns, tenant leur verre à la main, —

les autres tenant une main frémissante
dans la leur.

Rouget de l'Ile commença :

>   Allons, enfants de la patrie,
>   Le jour de gloire est arrivé :
>   Contre nous, de la tyrannie,
>   L'étendard sanglant est levé.
>   Entendez-vous, dans nos campagnes,
>   Rugir ces féroces soldats
>   Qui viennent, jusque dans vos bras,
>   Égorger vos fils et vos compagnes ?
> Aux armes, citoyens ! formez vos bataillons !
>   Marchons, marchons,
> Qu'un sang impur abreuve nos sillons.

A ce premier couplet, un frissonnement électrique parcourut toute l'Assemblée.

Deux ou trois cris d'enthousiasme éclatèrent seulement, puis des voix avides d'entendre le reste crièrent :

— Silence ! silence ! écoutez.

Rouget coutinua avec un geste de puissante menace.

> Que veut cette horde d'esclaves ;
> De traitres, de rois conjurés?
> Pour qui ces ignobles entraves,
> Ces fers dès longtemps préparés ?..
> Français, pour nous, ah ! quel outrage !
> Quel transport il doit exciter !
> C'est nous qu'on ose méditer
> De rendre à l'antique esclavage !
> Aux armes, citoyens! etc.

Cette fois, Rouget de l'Ile n'eut pas besoin d'appeler à lui le chœur, un seul cri s'élança de toutes les poitrines :

> Formez vos bataillons!
> Marchons, marchons,
> Qu'un sang impur, abreuve nos sillons.

Puis il continua au milieu d'un enthousiasme croissant :

>   Quoi ! des cohortes étrangères
>   Feraient la loi dans nos foyers !
>   Quoi ! ces phalanges mercenaires
>   Égorgeraient nos fiers guerriers !
>   Grand Dieu ! par des mains enchaînées,
>   Nos fronts sous le joug se ploieraient !
>   De vils despotes deviendraient
>   Les maîtres de nos destinés !

Cent poitrines haletantes attendaient la reprise, et avant que ce dernier vers fut achevé, — s'écriaient :

— Non ! non ! non !

Puis, avec l'emportement d'une trombe, le chœur sublime retentit.

>   Aux armes, citoyens ! formez vos bataillons !
>   Marchons, marchons,
>   Qu'un sang impur, abreuve nos sillons.

Cette fois, il y avait un frémissement tel, parmi tous les auditeurs, que ce fut Rouget de l'Ile qui, pour pouvoir chanter son quatrième couplet, fut obligé de réclamer le silence.

On écouta fiévreusement.

La voix, d'indignée, devint menaçante.

> Tremblez tyrans, et vous perfides,
> Opprobre de tous les partis !
> Tremblez, vos projets parricides
> Vont enfin recevoir leur prix !
> Tout est soldat pour vous combattre.
> S'ils tombent, nos jeunes héros,
> La terre en produit de nouveaux,
> Contre vous tout prêts à sebattre.

— Oui ! oui ! crièrent toutes les voix.

Et les pères poussèrent en avant les

fils qui pouvaient marcher, les mères levèrent dans leurs bras ceux qu'elles portaient encore.

Alors Rouget de l'Ile s'aperçut qu'il lui manquait un couplet : — le chœur des enfants, — chœur sublime de la moisson à naître, de la graine qui germe, — et tandis que les convives répétaient frénétiquement le terrible refrain, il laissa tomber sa tête dans ses mains, — et au milieu du bruit, des rumeurs, des applaudissements, il improvisa le chœur suivant :

CHŒUR DES ENFANTS.

Nous entrerons dans la carrière,
Quand nos aînés n'y seront plus;
Nous y trouverons leur poussière
Et la trace de leurs vertus.

Bien moins jaloux de leur survivre
Que de partager leur cercueil,
Nous aurons le sublime orgueil
De les venger ou de les suivre.

Et au milieu des sanglots des mères, des accents enthousiastes des pères, on entendit les voix pures de l'enfance chanter en chœur :

Aux armes, citoyens ! formez vos bataillons,
Marchons, marchons,
Qu'un sang impur abreuve nos sillons.

— Oh ! mais, murmura une voix, n'y a-t-il point de pardon pour ceux qui ne sont qu'égarés.

— Attendez ! attendez ! cria Rouget de l'Ile, et vous verrez que mon cœur n'a pas mérité ce reproche.

Et, d'une voix pleine d'émotion, il chanta cette strophe sainte dans laquelle est l'âme de la France toute entière, magnanime d'une jeune grandeur, et, dans sa colère, planant avec les ailes de la Miséricorde, au-dessus de sa colère même.

> Français, en guerriers magnanimes,
> Portez ou retenez vos coups;
> Épargnez ces tristes victimes,
> A regret s'armant contre nous.

Les amants interrompirent le chanteur.

— Oh! oui, oui, — cria-t-on de toutes parts, — miséricorde, pardon à nos frères égarés, à nos frères esclaves, à nos frères qu'on pousse contre nous avec le fouet et la baïonnette.

— Oui, reprit Rouget de l'Ile, pardon et miséricorde pour ceux-là.

> Mais ces despotes sanguinaires,
> Mais les complices de Bouillé,
> Tous ces monstres qui sans pitié,
> Déchirent le sein de leur mère.
> Aux armes, citoyens ! formez vos bataillons !

— Oui, crièrent toutes les voix, — contre ceux-là.

> Marchons, marchons,
> Qu'un sang impur, abreuve nos sillons.

— Maintenant, cria Rouget de l'Ile, à genoux tous tant que vous êtes.

— On obéit.

— Rouget de l'Ile, seul, resta debout posa un de ses pieds sur la chaise d'un de ses convives, comme sur le premier de gré du temple de la Liberté, et levant les deux bras au ciel, il chanta le dernier couplet, l'invocation au génie de la France.

> Amour sacré de la patrie !
> Conduits, soutiens nos bras vengeurs,
> Liberté ! liberté chérie !
> Combats avec tes défenseurs !
> Sous nos drapeaux que la victoire
> Accoure à tes mâles accents !
> Que tes ennemis expirants
> Voient ton triomphe et notre gloire.

— Allons ! s'écria une voix, la France est sauvée !

Et toutes les voix, dans un cri, — sublime, — *De profundis* du despotisme, *Magnificat* de la liberté, — s'écrièrent :

> Aux armes, citoyens ! formez vos bataillons !
> Marchons, marchons,
> Qu'un sang impur, abreuve nos sillons.

Puis ce fut comme une joie folle, enivrante, insensée, chacun se jeta dans les bras de son voisin ; les jeunes filles prirent leurs fleurs à pleines mains, bouquets et couronnes, et semèrent tout aux pieds du poëte.

Trente-huit ans après, en me racontant cette grande journée, à moi, jeune homme qui venait d'entendre pour la première fois, en 1830, chanter par la voix puissante du peuple l'hymne sacré, trente-huit ans après, le front du poëte rayonnait encore de la splendide auréole de 1792.

Et c'était justice.

D'où vient que moi-même, en écrivant

ces dernières strophes, — je suis tout ému? — d'où vient que, tandis que ma main droite trace tremblante le chœur des enfants, l'invocation au génie de la France,—d'où vient que ma main gauche essuie une larme prête à tomber sur le papier?

C'est que la sainte *Marseillaise* est, non-seulement un cri de guerre, mais un élan de fraternité; — c'est que c'est la loyale et puissante main de la France, tendue à tous les peuples; c'est qu'il sera toujours le dernier soupir de la liberté qui meurt, le premier cri de la liberté qui renaît.

Maintenant, — comment l'hymne, né

à Strasbourg, sous le nom de *chant du Rhin*, — a-t-il éclaté tout-à-coup au cœur de la France, sous le nom de *la Marseillaise?*

C'est ce que nous allons dire à nos lecteurs.

IX

Les cinq cents hommes de Barbaroux.

Le 28 juillet, comme pour donner une base à la proclamation de la patrie en danger, arriva à Paris le manifeste de Coblentz.

Nous l'avons dit, c'était une proclamation ennemie, une menace, par conséquent une insulte à la France.

Le duc de Brunswick, homme d'esprit, trouvait le manifeste absurde ; mais au-dessus du duc, étaient les rois de la coalition ; ils reçurent le manifeste tout fait des mains du roi de France, et l'imposèrent à leur général.

Selon le manifeste :

Tout français était coupable ;

Toute ville ou village devait être démoli ou brûlé ;

Et pour Paris, moderne Jérusalem condamnée aux ronces et aux épines, il ne resterait pas pierre sur pierre.

Voilà ce que disait le manifeste insensé

qui arrivait de Coblentz dans la journée du 28, avec la date du 26.

Quelque aigle l'avait donc apporté dans ses serres pour qu'il ait fait **deux** cents lieues en trente-six heures.

On peut comprendre l'explosion produite par une pareille pièce : ce fut celle que produit l'étincelle en tombant sur la poudrière.

Tous les cœurs tressaillirent, tous s'alarmèrent, tous se préparèrent au combat.

Choisissons parmi tous ces hommes un homme, parmi tous ces types un type.

Nous avons déjà nommé l'homme : c'est Barbaroux.

Nous avons essayé de peindre le type.

Barbaroux, nous l'avons dit, écrivait vers le commencement de juillet à Rebecqui :

« Envoie-moi cinq cents hommes qui sachent mourir. »

Quel était l'homme qui pouvait écrire une pareille phrase, et quelle influence avait-il donc sur ses compatriotes ?

Il avait l'influence de la jeunesse, de la beauté, du patriotisme.

Cet homme, c'était Charles Barbaroux, douce et charmante figure qui trouble Madame Roland jusque dans la chambre conjugale ; qui fait rêver Charlotte

Corday jusqu'au pied de l'échafaud.

Madame Roland commença par s'en défier.

Pourquoi s'en défiait-elle ?

Il était trop beau.

C'était le reproche que l'on fit à deux hommes de la révolution dont les têtes, si belles qu'elles fussent, apparurent à quatorze mois de distance, l'une à la main du bourreau de Bordeaux, l'autre à la main du bourreau de Paris.

Le premier était Barbaroux, le second Hérault de Séchelles.

Écoutez ce que dit d'eux Madame Roland.

— Barbaroux est léger; les adorations que lui prodiguent les femmes sans mœurs nuisent au sérieux de ses sentiments. Quand je vois ces beaux jeunes gens trop enivrés de l'impression qu'ils produisent, comme Barbaroux et Hérault de Séchelles, je ne puis m'empêcher de penser qu'ils s'adorent trop eux-mêmes pour adorer assez la patrie.

Elle se trompait, la sévère Pallas.

Ce fut la patrie, non pas l'unique, mais la première maîtresse de Barbaroux, ce fut celle au moins qu'il aima le mieux puisqu'il mourut pour elle.

Barbaroux avait vingt-cinq ans à peine.

Il était né à Marseille, d'une famille de ces hardis navigateurs qui ont fait du commerce une poésie ; pour la forme, pour la grâce, pour l'idéalité, pour le profil grec surtout, il semblait descendre en droite ligne de quelqu'un de ces hardis navigateurs qui emportèrent leurs dieux du pied du Parnasse aux rives du Rhône.

Jeune, il s'était exercé au grand art de la parole, cet art dont les hommes du Midi savent se faire à la fois une arme et une parure ; puis à la poésie, cette fleur du Parnasse que les Phocéens transportèrent avec eux du golfe de Corinthe au golfe de Lyon.

Il s'était en outre occupé de physique ;

il s'était mis en correspondance avec Saussure et Marat.

On le vit éclore tout-à-coup, au milieu des agitations de Marseille, à la suite de l'élection de Mirabeau.

Il fut nommé secrétaire de la municipalité de Marseille.

Il y eut des troubles à Arles.

On vit au milieu de ces troubles, la belle figure de Barbaroux pareille à l'Antinoüs armé.

Paris le réclamait ; la grande fournaise avait besoin de ce sarment embaumé, ce creuset immense, de ce pur métal.

Il y fut envoyé, pour rendre compte des troubles d'Avignon. On eut dit qu'il n'était d'aucun parti; que son cœur, comme celui de la justice, n'avait ni amitié ni haine; il dit la vérité simple et terrible comme elle était, et en la disant, il parut grand comme elle.

Les Girondins venaient d'arriver. Ce qui distinguait les Girondins des autres partis, ce qui les perdit peut-être, c'est qu'ils étaient de véritables artistes; ils aimaient ce qui était beau. Ils tendirent leurs mains tièdes et franches à Barbaroux, puis tout fiers de cette belle recrue, ils conduisirent le marseillais chez Madame Roland.

On sait ce qu'à la première vue, Madame Roland, avait pensé de Barbaroux.

Ce qui avait surtout étonné Madame Roland, c'est que depuis longtemps son mari était en correspondance avec Barbaroux et que les lettres du jeune homme arrivaient régulières, précises, pleines de sagesse.

Elle n'avait demandé ni l'âge, ni l'aspect de ce grave correspondant ; c'était pour elle un homme de quarante ans, au crâne dégarni par la pensée, au front ridé par les veilles.

Elle vint au devant du rêve qu'elle avait fait, et trouva un beau jeune homme de vingt-cinq ans, gai, rieur, léger, aimant les femmes : toute cette riche et brûlante génération qui fleurissait en 92 pour être fauchée en 93, les aimait.

Ce fut dans cette tête qui paraissait si frivole, et que Madame Roland trouvait trop belle, que se formula peut-être la première pensée du 10 août.

L'orage était en l'air, les nuages insensés couraient du nord au midi, du couchant à l'orient.

Barbaroux leur donna une direction, les amoncela sur le toit ardoisé des Tuileries.

Lorsque personne n'avait encore de plan arrêté il écrivit à Rebecqui.

— Envoie-moi cinq cents hommes qui sachent mourir.

Hélas! le véritable roi de France, c'était ce roi de la révolution qui écrivait qu'on lui envoyât cinq cents hommes qui sussent mourir; et à qui, aussi simplement qu'il les avait demandés, on les envoyait.

Rebecqui les avait choisis lui-même, recrutés parmi le parti français d'Avignon.

Ils se battaient depuis deux ans, ils haïssaient depuis dix générations.

Ils s'étaient battus à Toulouse, à Nîmes, à Arles, ils étaient fait au sang de la fatigue, ils n'en parlaient même pas.

Au jour arrêté, ils avaient entrepris, comme une simple étape, cette route de deux cent vingt lieues.

Pourquoi pas? C'étaient d'âpres marins, de durs paysans, des visages brûlés par le siroco d'Afrique ou par le mistral du mont Vantoux, des mains noircies par le goudron, ou durcies par le travail.

Partout où ils passaient, on les appelait des brigands.

Dans une halte qu'ils firent au-dessus

d'Orgon ils reçurent paroles et musique de l'hymne de Rouget de l'Isle, qui s'appelait le *Chant du Rhin.*

C'était Barbaroux qui leur envoyait ce viatique pour leur faire paraître la route moins longue.

Un d'eux déchiffra la musique et chanta les paroles, puis tous d'un cri immense répétèrent le chant terrible.

Bien autrement terrible que ne l'avait rêvé Rouget de l'Isle lui-même : en passant par la bouche des Marseillais son chant avait changé de caractère, comme les mots avaient changé d'accent.

Ce n'était plus un chant de fraternité,

c'était un chant d'extermination et de mort.

— C'était *la Marseillaise*, c'est-à-dire l'hymne terrible qui nous a fait tressaillir d'épouvante dans le sein de nos mères.

Cette petite bande de Marseillais, traversait villes et villages, effrayant la France par son ardeur à chanter ce chant nouveau.

Quant il les sut à Montereau, Barbaroux alla trouver Santerre.

Santerre lui promit d'aller recevoir les Marseillais à Charenton avec quarante mille hommes.

Voilà ce que Barbaroux comptait faire

avec avec les quarante mille hommes de Santerre et ses cinq cents Marseillais.

Mettre les Marseillais en tête, emporter d'un élan l'Hôtel-de-Ville et l'Assemblée, passer sur les Tuileries, comme au 14 juillet 1789 on avait passé sur la Bastille, et sur les ruines du palais Florentin, proclamer la république.

Barbaroux et Rebecqui allèrent attendre à Charenton Santerre et ses quarante mille faubouriens.

Santerre arriva avec deux cents hommes.

Peut-être ne voulut-il pas donner aux Marseillais, c'est-à-dire à des étrangers, la gloire d'un pareil mouvement.

La petite bande aux yeux ardents, aux visages basanés, aux paroles stridentes, traversa tout Paris, du Jardin du Roi aux Champs-Élysées en chantant *la Marseillaise*.

Pourquoi l'appellerions-nous autrement qu'on ne l'appelle?

Les Marseillais devaient camper aux Champs-Élysées ou un banquet les attendait le lendemain.

Le banquet fut donné.

Mais entre les Champs-Élysées et le pont Tournant, à deux pas du festin, étaient les bataillons de grenadiers des Filles Saint-Thomas.

C'était une garde royaliste que le château avait placée là comme un rempart entre les nouveaux venus et lui.

Marseillais et grenadiers des Filles-Saint-Thomas se flairèrent ennemis; on commença par échanger des injures, puis des coups. Au premier sang qui coula, les Marseillais crièrent aux armes, sautèrent sur les fusils en faisceaux, et chargèrent à la baïonnette.

Les grenadiers parisiens furent culbutés par ce premier coup de boutoir, heureusement, ils avaient derrière eux les Tuileries et leurs grilles; le pont

Tournant protégea leur fuite et se releva devant leurs ennemis.

Les fugitifs trouvèrent un asile dans les appartements du roi.

La tradition dit qu'un blessé fut soigné des propres mains de la reine.

Les fédérés Marseillais, Bretons et Dauphinois, étaient cinq mille; ces cinq mille hommes étaient une puissance, non par le nombre, mais par la foi.

L'esprit de la révolution était en eux.

Le 1er juillet, ils avaient envoyés une adresse à l'Assemblée.

— Vous avez déclaré la patrie en danger, disaient-ils, mais ne la mettez-vous pas en danger vous-mêmes, en prolongeant l'impunité des traîtres; poursuivez Lafayette, suspendez le pouvoir exécutif, destituez les directoires des départements, renouvelez le pouvoir judiciaire.

Le 3 août, c'est Pétion lui-même qui apporte la même demande; Pétion qui, de sa voix glacée, au nom de la commune, réclame l'appel aux armes.

Il est vrai qu'il a derrière lui deux dogues, qui le mordent aux jambes :

Danton et Sergent.

— La commune, dit Pétion, vous *dénonce le pouvoir exécutif.* Pour guérir les maux de la France, il faut les attaquer dans leur source et ne pas perdre un moment. Nous aurions désiré pouvoir demander seulement la suspension momentanée de Louis XVI, la Constitution s'y oppose; il invoque sans cesse la Constitution, nous l'invoquons à notre tour, et *nous demandons la déchéance.*

Entendez-vous le roi de Paris qui vient dénoncer le roi de France, le roi de l'Hôtel-de-Ville qui déclare la guerre au roi des Tuileries.

L'Assemblée recula devant la terrible mesure qu'on lui proposait.

La question de déchéance fut remise au 9 août.

Le 8, l'Assemblée déclara qu'il n'y avait pas lieu à accusation contre Lafayette.

L'Assemblée reculait.

Qu'allait-elle donc décider le lendemain, à propos de la déchéance?

Allait-elle aussi se mettre en opposition avec le peuple ?

Qu'elle prenne garde! ne sait-elle point ce qui se passe, l'imprudente ?

Le 3 août, le jour même où Pétion est venu demander la déchéance, le faubourg Saint-Marceau se lasse de mourir de faim, dans cette lutte qui n'est ni la paix ni la guerre.

Il envoie à la section des Quinze-Vingts et fait demander à ses frères du faubourg Saint-Antoine.

— Si nous marchons sur les Tuileries, marcherez-vous avec nous ?

— Nous marcherons, répondent ceux-ci.

Le 4 août, l'Assemblée condamne la proclamation insurrectionnelle de la section Mauconseil.

Le 5, la commune se refuse à publier le décret.

Ce n'est point assez que le roi de Paris ait déclaré la guerre au roi de France, voilà la commune qui se met en opposition avec l'Assemblée.

Tous ces bruits d'opposition aux mouvements revenaient aux Marseillais.

Les Marseillais avaient des armes, mais n'avaient point de cartouches.

Ils demandèrent à grands cris des cartouches; on ne leur en donnait pas.

Le 4 au soir, une heure après que le bruit s'est répandu que l'Assemblée condamne l'acte insurrectionnel de la section Mauconseil, deux jeunes marseillais se rendent à la Mairie.

Il n'y a au bureau que deux officiers municipaux. Sergent, l'homme de Danton, Panis, l'homme de Robespierre.

— Que voulez-vous? demandent les deux magistrats.

— Des cartouches, répondent les deux jeunes gens.

— Il y a défense expresse d'en délivrer, répond Panis.

— Défense expresse de délivrer des cartouches, dit l'un d'eux, mais voilà l'heure du combat qui vient, et nous n'avons rien pour le soutenir.

— On nous a donc fait venir à Paris

pour nous égorger? s'écrie le premier.

Le second, tire un pistolet de sa poche.

Sergent, sourit.

— Des menaces, jeune homme, dit-il. Ce n'est point avec des menaces que vous intimiderez deux membres de la commune.

— Qui parle de menaces et d'intimidation? dit le jeune homme. Ce pistolet n'est pas pour vous, mais pour moi.

Et appuyant le pistolet contre son front.

— De la poudre, des cartouches, dit-il, ou, foi de Marseillais, je me fais sauter la cervelle.

Sergent avait une imagination d'artiste, un cœur de Français, il sentit que le cri que venait de pousser le jeune homme c'était le cri de la France.

— Panis, dit-il, prenons garde, si ce jeune homme se tuait, son sang retomberait sur nous.

— Mais si nous délivrons des cartouches, malgré l'ordre, nous jouons notre tête sur le coup.

— Soit, mais je crois que l'heure est venue de jouer notre tête, dit Sergent ; en tout cas, chacun pour soi ; je joue la mienne, quitte à toi à ne pas suivre mon exemple.

Et, prenant un papier, il écrivit l'ordre

de délivrer des cartouches aux Marseillais, et signa.

— Donnez, dit Panis, quand Sergent eut fini.

Et il signa près de Sergent.

On pouvait être tranquille désormais, du moment où les Marseillais avaient des cartouches, ils ne se laisseraient pas égorger sans se défendre.

Aussi, les Marseillais armés, l'Assemblée accueillit-elle, le 6, une pétition foudroyante ; qu'ils lui adressent non-seulement elle l'accueille, mais elle admet les pétitionnaires aux honneurs de la séance.

Elle a très-peur, l'Assemblée, aussi délibère-t-elle si elle ne se retirera pas en province.

Vergniaud seul la retient, et pourquoi? mon Dieu! Qui dira que ce n'était pas pour rester près de la belle Candeilles que Vergniaud voulait rester à Paris.

Peu importe, au reste.

— C'est à Paris, dit Vergniaud, qu'il faut assurer le triomphe de la liberté ou périr avec elle ; si nous quittons Paris, ce ne peut être que comme Thémistocle, avec tous les citoyens, en ne laissant que des cendres, et en ne fuyant un moment devant l'ennemi que pour lui creuser un tombeau.

Ainsi, tout le monde est dans le doute, tout le monde hésite, chacun sent la terre trembler sous lui, et craint qu'elle ne s'ouvre sous ses pas.

Le 4 août, le jour ou l'Assemblée condamne la proclamation insurrectionnelle de la section Mauconseil;

Le jour où les deux Marseillais font distribuer par Panis et Sergent des cartouches à leurs cinq cents compatriotes,

Ce même jour, il y avait eu réunion au Cadran-Bleu, sur le boulevard de la Bastille; Camille Desmoulins y était pour son compte et pour celui de Danton; Carré tenait la plume et traça le plan de l'insurrection.

Le plan tracé, on se rendit chez l'ex-constituant Antoine, qui demeurait rue Saint-Honoré, vis-à-vis l'Assomption, chez le menuisier Duplay, dans la même maison que Robespierre.

Robespierre n'était point de tout cela; aussi, quand madame Duplay vit s'installer chez Antoine toute cette bande de perturbateurs, monta-t-elle vivement à la chambre où ils étaient rassemblés, s'écriant dans sa terreur :

— Mais monsieur Antoine, vous voulez donc faire égorger M. de Robespierre.

— Il s'agit bien de Robespierre, répondit l'ex-constituant; personne, Dieu merci, ne songe à lui; s'il a peur, qu'il se cache.

A minuit, le plan écrit par Carré fut envoyé à Santerre et à Alexandre, les deux commandants du faubourg.

Alexandre eût marché ; mais Santerre répondit que le faubourg n'était pas prêt.

Santerre tenait la parole offerte à la reine le 20 juin.

Au 10 août, il ne marcha que lorsqu'il ne put pas faire autrement.

L'insurrection fut encore ajournée.

Antoine avait dit qu'on ne songeait pas à Robespierre.

Il se trompait.

Les esprits étaient tellement troublés, qu'on eut l'idée d'en faire le mobile d'un mouvement, lui, ce centre d'immobilité.

Et qui eut cette idée-là ?

Barbaroux.

Il avait presque désespéré, le hardi Marseillais, il était tout prêt à quitter Paris et à retourner à Marseille.

Ecoutez madame Roland.

« Nous comptions peu sur la défense du Nord, nous examinions, avec Servan et Barbaroux, les chances de sauver la liberté dans le Midi, et d'y fonder une république ; nous prenions des cartes géographiques, nous tracions des lignes de démarcation.

— Si nos Marseillais ne réussissent pas, disait Barbaroux, ce sera notre ressource.

Eh bien ! Barbaroux crut avoir trouvé une autre ressource.

Le génie de Robespierre.

Ou peut-être était-ce Robespierre qui voulait savoir où en était Barbaroux.

Les Marseillais avaient quitté leur caserne trop éloignée, pour venir aux Cordeliers, c'est-à-dire à portée du Pont-Neuf.

Aux Cordeliers, les Marseillais étaient chez Danton.

Ils allaient donc, en cas de mouvement insurrectionnel, partir de chez Danton, ces terribles Marseillais.

Et si le mouvement réussissait, c'était Danton qui en aurait tous les honneurs.

Barbaroux avait demandé à voir Robespierre.

Robespierre eut l'air de condescendre à son désir; il fit dire à Barbaroux et à Rebecqui qu'il les attendait chez lui.

Robespierre, nous l'avons dit, était chez le menuisier Duplay.

Le hasard, on se le rappelle, l'y avait conduit le soir de l'échauffourée du Champ-de-Mars ; il se sauvait, selon son habitude ; il s'était senti tirer par son habit, il avait à reculons passé par une porte qui s'était refermée sur lui.

Robespierre regarda ce hasard comme une bénédiction du ciel, non-seulement parce que pour le moment cette hospitalité le sauvait d'un danger éminent, mais encore parce qu'elle faisait tout naturellement la mise en scène de son avenir.

Pour un homme qui voulait mériter le

titre d'incorruptible, c'était bien là le logement qu'il lui fallait.

Il n'y était cependant point entré tout de suite ; il avait fait un voyage à Arras, il en avait ramené sa sœur, mademoiselle Charlotte de Robespierre, et il demeurait rue Saint-Florentin, avec cette maigre et sèche personne, à laquelle, trente-huit ans plus tard, nous avons eu l'honneur d'être présenté.

Il tomba malade.

Madame Duplay, qui était fanatique de Robespierre, sut cette maladie, vint faire une scène à mademoiselle Charlotte pour ne pas l'avoir avertie de la maladie de son frère, et exigea que le malade fut transporté chez elle.

Robespierre se laissa faire ; son vœu, en sortant de chez les Duplay, comme hôte d'un instant, était d'y rentrer un jour comme locataire.

Madame Duplay donnait donc en plein dans ses combinaisons.

Elle aussi, avait rêvé cet honneur de loger l'incorruptible, et elle avait préparé une mansarde étroite, mais propre, où elle avait fait porter les plus beaux meubles de la maison, pour faire compagnie à un charmant lit bleu et blanc, plein de coquetterie, tel qu'il convenait à un homme qui, à l'âge de dix-sept ans, avait fait faire son portrait tenant une rose à la main.

Dans cette mansarde, madame Duplay avait fait, par les ouvriers de son mari, poser des rayons de sapin tout neuf pour placer des livres et des papiers.

Les livres étaient peu nombreux ; les œuvres de Racine et de Jean-Jacques Rousseau formaient la bibliothèque de l'austère jacobin : en dehors de ces deux auteurs, Robespierre ne lisait guère que Robespierre.

Aussi les autres rayons étaient-ils chargés de ses mémoires, comme avocat, et de ses discours, comme tribun.

Quant aux murs, ils étaient couverts de tous les portraits que la fanatique madame Duplay avait pu trouver du grand homme, de même que Robespierre n'avait que la main à étendre pour lire Robespierre, de quelque part qu'il se tournât, Robespierre ne voyait que Robespierre.

Ce fut dans ce sanctuaire, dans ce tabernacle, dans ce saint des saints, que l'on introduisit Barbaroux et Rebecqui.

Excepté les auteurs de la scène, nul ne pourrait dire avec quelle filandreuse adresse il entama la conversation; il parla des Marseillais, d'abord, de leur patriotisme, de la crainte qu'il avait de voir exagérer même les meilleurs sentiments; puis il parla de lui, des services qu'il avait rendus à la révolution, de la sage lenteur avec laquelle il en avait réglé le cours.

Mais, cette révolution, n'était-il point temps enfin qu'elle s'arrêtât? n'était-il pas l'heure où tous les partis devaient se réunir, choisir l'homme populaire entre tous, lui remettre cette révolution entre les mains, le charger d'en diriger le mouvement?

Mais Rebecqui ne le laissa point aller plus loin.

— Ah! dit-il, je te vois venir, Robespierre.

Robespierre se recula sur sa chaise,

comme si un serpent se dressait devant lui.

Alors Rebecqui, se levant :

— Pas plus de dictateur que de roi, dit-il, viens Barbaroux.

Et tous deux sortirent aussitôt de la mansarde de l'incorruptible.

Panis, qui les avait amenés, les suivit jusque dans la rue.

— Ah! dit-il, vous avez mal saisi la chose, mal compris la pensée de Robespierre ; il s'agissait simplement de l'autorité d'un moment ; et, si l'on suivait cette idée, nul certainement plus que Robespierre...

Mais Barbaroux ne le laissa point achever, et répétant les paroles de son compagnon :

— Pas plus de dictateur que de roi, — il s'éloigna avec lui.

X

Ce qui faisait que la reine n'avait pas voulu fuir.

Ce qui rassurait les Tuileries, — c'était justement ce qui épouvantait les révolutionnaires.

Les Tuileries, mises en état de défense,

étaient devenues une forteresse avec une garnison terrible.

Dans cette fameuse journée du 4 août, où l'on a fait tant de choses, la royauté, de son côté, n'est point restée inactive.

Pendant la nuit du 4 au 5, on a silencieusement fait venir de Courbevoie aux Tuileries, les bataillons suisses.

Quelques compagnies seulement en ont été distraites et envoyées à Gaillon, où peut-être le roi se réfugiera.

Trois hommes sûrs, — trois chefs éprouvés sont près de la reine, Maillardos avec ses Suisses.

D'Hervilly avec ses chevaliers de

Saint-Louis et sa garde constitutionnelle.

Mandat, commandant général de la garde nationale, qui répond de vingt mille hommes résolus et dévoués.

Le 8 au soir, un homme pénétra dans l'intérieur du château.

Tout le monde connaisait cet homme, il arriva donc sans difficulté jusqu'à l'appartement de la reine.

On annonça le docteur Gilbert.

— Faites entrer, dit la reine d'une voix fiévreuse.

Gilbert entra.

— Ah! venez, venez, docteur, dit la reine, je suis heureuse de vous voir.

Gilbert leva les yeux sur elle : il y avait, dans toute la personne de Marie-Antoinette, quelque chose de joyeux et de satisfait qui le fit frissonner.

Il eut mieux aimé la reine pâle et abattue que fiévreuse et animée comme elle était.

— Madame, lui dit Gilbert, je vois que j'arrive trop tard, et dans un mauvais moment.

Au contraire, docteur, — répondit la reine avec un sourire, — expression que sa bouche avait presque désapprise. —

Vous venez à l'heure et vous êtes le bienvenu ; — vous allez voir une chose que j'eusse voulu vous montrer depuis longtemps : — un roi véritablement roi.

— J'ai peur, Madame, reprit Gilbert, que vous ne vous trompiez vous-même et que vous ne me montriez, non pas un roi, mais un commandant de place.

— Monsieur Gilbert, il se peut que nous ne nous entendions pas plus sur le caractère symbolique de la royauté que sur beaucoup d'autres choses. — Pour moi, un roi n'est pas seulement un homme qui dit : *Je ne veux pas !* — c'est surtout l'homme qui dit : *Je veux !*

La reine faisait allusion à ce fameux

veto qui amenait la situation au point extrême où elle se trouvait arrivée.

— Oui, Madame, répondit Gilbert, et, pour Votre Majesté, un roi est surtout un homme qui se venge.

— Qui se défend, monsieur Gilbert;— car, vous le savez, nous sommes publiquement menacés, — on doit nous attaquer à main armée; — il y a, à ce qu'on nous assure, cinq cents Marseillais, conduits par un certain Barbaroux, qui ont juré sur les ruines de la Bastille de ne retourner à Marseille que lorsqu'ils auraient campé sur celles des Tuileries.

— J'ai entendu dire cela, en effet, Votre Majesté, reprit Gilbert.

— Et cela ne vous a pas fait rire, Monsieur.

— Cela m'a épouvanté pour le roi et pour vous, Madame.

— De sorte que vous venez nous proposer d'abdiquer et de nous remettre à discrétion aux mains de M. Barbaroux et de ses Marseillais.

— Ah! Madame, si le roi pouvait abdiquer et garantir, par le sacrifice de sa couronne, sa vie, la vôtre, celle de vos enfants...

— Vous lui en donneriez le conseil, n'est-ce pas monsieur Gilbert.

— Oui, Madame, et je me jeterais à ses pieds pour qu'il le suivît.

— Monsieur Gilbert, permettez-moi de vous dire que vous n'êtes pas fixé dans vos opinions.

— Eh! Madame, dit Gilbert, mon opinion est toujours la même : — dévoué à mon roi et à ma patrie. — J'aurais voulu voir l'accord du roi et de la Constitution. —De ce désir et de mes déceptions successives viennent les différents conseils que j'ai eu l'honneur de donner à Votre Majesté.

— Et quel est celui que vous nous donnez en ce moment, monsieur Gilbert.

— Jamais vous n'avez été plus maîtresse de le suivre qu'en ce moment, Madame.

— Voyons-le, alors.

— Je vous donne le conseil de fuir.

— De fuir ?

— Ah ! vous savez bien que c'est possible, Madame, — et que jamais facilité pareille ne vous a été offerte.

— Voyons cela.

— Vous avez à peu près trois mille hommes au château.

— Près de cinq mille, Monsieur, dit la reine avec un sourire de satisfaction, et le double au premier signe que nous ferons.

— Vous n'avez pas besoin de faire un signe qui peut être intercepté, Madame ; vos cinq mille hommes vous suffisent.

— Eh bien ! monsieur Gilbert, à votre avis, que devons-nous faire avec nos cinq mille hommes ?

— Vous mettre au milieu d'eux, Madame, — avec le roi et vos augustes enfants, — sortir des Tuileries au moment où l'on s'y attendra le moins, à deux lieues d'ici monter à cheval, gagner Gaillon et la Normandie, où l'on vous attend.

— C'est-à-dire, me remettre aux mains de M. de Lafayette.

— Celui-là, au moins, Madame, vous a prouvé qu'il était dévoué.

— Non, Monsieur, non ; — avec mes cinq mille hommes et les cinq mille qui peuvent accourir au premier signe que nous leur ferons, j'aime mieux essayer autre chose.

— Qu'essaierez-vous ?

— D'écraser une bonne fois pour toute la révolte.

— Ah! Madame! — Madame! — qu'il avait raison de me dire que vous étiez condamnée!

— Qui cela?

— Un homme dont je n'ose vous redire le nom, Madame, un homme qui vous a déjà parlé trois fois.

— Silence, dit la reine pâlissant, on tâchera de le faire mentir, le mauvais prophète.

— Madame, j'ai bien peur que vous ne vous aveugliez.

— Vous êtes donc d'avis qu'ils oseront nous attaquer.

— L'esprit public tourne là.

— Et l'on croit qu'on entrera ici comme au 20 juin ?

— Les Tuileries ne sont pas une place forte.

— Non, mais cependant si vous voulez venir avec moi, monsieur Gilbert, je vous montrerai qu'elles peuvent tenir quelque temps.

— Mon devoir est de vous suivre, Madame, dit Gilbert en s'inclinant.

— Alors venez-donc, dit la reine.

— Et conduisant Gilbert à la fenêtre du milieu, — à celle qui donne sur la place du Carrousel, — et d'où l'on dominait, non pas la cour immense qui s'étend aujourd'hui sur toute la façade du palais, mais les trois petites cours fermées de murs qui existaient alors, et s'appelaient : celles du pavillon de Flore, la cour des Princes; celle du milieu de la cour des Tuileries, et celle qui confine de nos jours à la rue de Rivoli, la cour des Suisses.

— Voyez, dit-elle.

En effet, Gilbert remarqua que ces murs avaient été percés de jours étroits et pouvaient offrir à la garnison un premier rempart à travers les meurtrières duquel elle fusillerait le peuple.

Puis ce premier rempart forcé, la garnison se retirait non-seulement dans les Tuileries, dont chaque porte faisait face à une cour, mais encore dans les bâtiments latéraux; de sorte que les patriotes qui oseraient s'engager dans les cours seraient pris entre trois feux.

— Que dites-vous de cela, Monsieur? demanda la reine; et conseillez-vous toujours à M. Barbaroux et à ses cinq cents Marseillais de s'engager dans leur entreprise?

— Si mon conseil pouvait être entendu d'hommes aussi fanatisés qu'ils le sont, je ferais près d'eux, Madame, une démarche pareille à celle que je fais près de vous. — Je viens vous demander, à vous, de ne pas attendre l'attaque ; je leur demanderais, à eux, de ne pas attaquer.

— Et probablement passeraient-ils outre de leur côté.

— Comme vous passerez outre du vôtre, Madame. Hélas! c'est là le malheur de l'humanité ; c'est qu'elle demande incessamment des conseils pour ne pas les suivre.

— Monsieur Gilbert, dit la reine en souriant, vous oubliez que le conseil que vous voulez bien nous donner n'est pas sollicité.

— C'est vrai, Madame, dit Gilbert en faisant un pas en arrière.

— Ce qui fait, ajouta la reine en tendant la main au docteur, que nous lui en sommes d'autant plus reconnaissants.

Un pâle sourire de doute passa sur les lèvres de Gilbert.

En ce moment, des charrettes chargées de lourds madriers de chêne entraient publiquement dans les cours des Tuileries, où les attendaient des hommes que, sous leurs habits bourgeois, on reconnaissait pour des militaires.

Ces hommes faisaient scier ces madriers sur une longueur de six pieds et dans une épaisseur de trois pouces.

— Savez-vous ce que sont ces hommes? demanda la reine.

— Mais, des ingénieurs, à ce qu'il me paraît, répondit Gilbert.

— Oui, Monsieur, et qui s'apprêtent comme vous le voyez, à *blinder* les fenêtres, en réservant seulement des *meurtrières* pour faire feu.

Gilbert regarda tristement la reine.

— Qu'avez-vous donc, Monsieur? demanda Marie-Antoinette.

— Ah! je vous plains bien sincèrement, Madame, d'avoir forcé votre mémoire à retenir ces noms, et votre bouche à les prononcer.

— Que voulez-vous, Monsieur, répondit la reine, — il y a des circonstances où il faut bien que les femmes se fassent hommes : c'est lorsque les hommes.....

La reine s'arrêta.

— Mais enfin, dit-elle, achevant, non point sa phrase, mais sa pensée : pour cette fois, le roi est décidé.

— Madame, dit Gilbert, du moment où vous êtes décidée à l'extrémité terrible dont je viens vous faire votre porte de salut. J'espère que de tous côtés vous avez défendu les approches du Château; ainsi, par exemple, les galeries du Louvre.

— Au fait, vous m'y faites songer, —

venez avec moi, Monsieur, je désire m'assurer que l'on exécute l'ordre que j'ai donné.

Et la reine emmena Gilbert à travers les appartements, jusqu'à cette porte du pavillon de Flore qui donne sur la galerie des tableaux.

La porte ouverte, Gilbert vit des ouvriers occupés à couper la galerie, dans une largeur de vingt pieds.

— Vous voyez, dit la reine.

Puis s'adressant à l'officier qui présidait à ce travail :

— Eh bien ! M. d'Hervilly, dit-elle.

— Eh bien! Madame, que les rebelles nous laissent vingt-quatre heures encore, et nous serons en mesure.

— Croyez-vous qu'ils nous laisseront vingt-quatre heures, monsieur Gilbert? demanda la reine au docteur.

— S'il y a quelque chose, Madame, ce ne sera que pour le 10 août.

— Le 10, un vendredi, — mauvais jour d'émeute, Monsieur; j'aurais cru que les rebelles auraient eu l'intelligence de choisir un dimanche.

Et elle marcha devant Gilbert qui la suivit.

En sortant de la galerie, on rencontra

un homme en uniforme d'officier général.

— Eh bien! monsieur Mandat, demanda la reine, vos dispositions sont-elles prises?

— Oui, Madame, répondit le commandant général, en regardant Gilbert avec inquiétude.

— Oh! vous pouvez parler devant Monsieur, dit la reine, Monsieur est un ami.

Et se retournant vers Gilbert :

— N'est-ce pas, docteur? dit-elle.

— Oui, Madame, répondit Gilbert, et l'un des plus dévoués.

— Alors, dit Mandat, c'est autre chose : — un corps de garde nationale placé à l'Hôtel-de-Ville, — un autre au Pont-Neuf, laisseront passer les factieux, — et tandis que M. d'Hervilly et ses gentilshommes, M. Maillardos et ses suisses les recevront de face, eux, leur couperont la retraite et les écraseront par derrière.

— Vous voyez, Monsieur, dit la reine, — que votre 10 août ne sera pas un 20 juin.

— Hélas! Madame, dit Gilbert, j'en ai peur, en effet.

— Pour nous... pour nous, insista la reine.

— Madame, reprit Gilbert, vous savez ce que j'ai dit à Votre Majesté, — autant j'ai dissuadé Varennes...

— Oui, autant vous conseillez Gaillon. Avez-vous le temps de descendre avec moi jusqu'aux salles basses, M. Gilbert?

— Certes, Madame.

— Eh bien, venez.

La reine prit un petit escalier tournant qui la conduisit au rez-de-chaussée du château.

Le rez-de-chaussée du château était un véritable camp, — camp fortifié et défendu par les suisses.

Toutes les fenêtres en étaient déjà blindées, comme avait dit la reine.

La reine s'avança vers le colonel.

— Eh bien! monsieur Maillardos, dit-elle, que dites-vous de vos hommes?

— Qu'ils sont près comme moi, Madame, à mourir pour Votre Majesté.

— Ils nous défendront donc jusqu'à la dernière extrémité.

— Une fois le feu engagé, Madame, on ne le cessera que sur un ordre écrit du roi.

— Vous entendez, Monsieur, hors de l'enceinte de ce château tout peut nous être hostile ; — mais à l'intérieur, tout nous est fidèle.

— C'est une consolation, Madame, mais ce n'est pas une sécurité.

— Vous êtes funèbre, savez-vous docteur.

— Votre Majesté m'a conduit où elle a voulu, me permettra-t-elle de la reconduire chez elle ?

— Volontiers, docteur ; — mais je suis fatiguée, donnez-moi le bras.

Gilbert s'inclina devant cette haute faveur, si rarement accordée par la reine, même à ses plus intimes, depuis son malheur surtout.

Il la reconduisit jusqu'à sa chambre à coucher.

Arrivés là, Marie-Antoinette se laissa tomber dans un fauteuil.

Gilbert mit un genou en terre devant elle.

— Madame, dit-il, au nom de votre auguste époux, au nom de vos chers enfants, au nom de votre propre sûreté, une dernière fois, je vous adjure de vous servir des forces que vous avez autour de vous, non pas pour combattre, mais pour fuir.

— Monsieur, dit la reine, — depuis le 14 juillet, j'aspire à voir le roi prendre sa revanche : — le moment est venu, nous le croyons du moins, nous sauverons la royauté, ou nous l'enterrerons sous les ruines des Tuileries.

— Rien ne peut vous faire revenir de cette fatale résolution, Madame?

— Rien.

Et en même temps la reine tendit la main à Gilbert, moitié pour lui faire signe de se relever, moitié pour la lui donner à baiser.

Gilbert baisa respectueusement la main de la reine, et, se relevant :

— Madame, dit-il, Votre Majesté me permettra-t-elle d'écrire quelques lignes que je regarde comme tellement urgentes, que je ne veux pas les retarder d'une minute.

— Faites, Monsieur, dit la reine en lui montrant une table, Gilbert s'assit et écrivit ces deux lignes :

« Venez, Monsieur, la reine est en dan-
« ger de mort, si un ami ne la décide
« point à fuir, — et je crois que vous êtes
« le seul ami qui puissiez avoir cette in-
« fluence sur elle. »

Et il signa et mit l'adresse.

— Sans être trop curieuse, Monsieur, demanda la reine à qui écrivez-vous ?

A Monsieur de Charny.

— A M. de Charny ! s'écria la reine pâlissante et frémissante à la fois ; et pourquoi faire lui écrivez-vous ?

— Pour qu'il obtienne de Votre Majesté ce que je n'en puis obtenir.

— M. de Charny est trop heureux pour penser à ses amis malheureux, et il ne viendra pas, dit la reine.

La porte s'ouvrit, un huissier parut :

— M. le comte de Charny qui arrive à l'instant même, dit l'huissier, demande s'il peut présenter ses hommages à Votre Majesté.

De pâle qu'elle était, la reine devint livide ; — elle balbutia quelques mots inintelligibles.

— Qu'il entre! qu'il entre, dit Gilbert, c'est le ciel qui l'envoie.

Charny parut à la porte en costume d'officier de marine.

— Oh! venez, Monsieur, lui dit Gilbert, je vous écrivais.

Et il remit la lettre.

— J'ai su le danger que courait Sa Majesté, et suis venu, dit Charny, en s'inclinant.

— Madame, Madame, dit Gilbert, au nom du ciel, écoutez ce que va dire M. de Charny, sa voix sera celle de la France.

Et saluant respectueusement la reine et le comte, Gilbert sortit emportant un dernier espoir.

XI

La nuit du 9 au 10 août.

Que nos lecteurs nous permettent de les transporter dans une maison de la rue de l'Ancienne-Comédie, près de la rue Dauphine.

Au premier, demeurait Fréron.

Passons devant sa porte, nous y sonnerions inutilement, il est au second chez son ami Camille-Desmoulins.

Pendant que nous montons les dix-sept marches qui séparent un étage de l'autre, disons rapidement ce qu'était Fréron.

Fréron, Denis Stanislas, était fils du fameux Elisé Catherine Fréron, si injustement et si cruellement attaqué par Voltaire; quand on relit aujourd'hui les articles de critique dirigés par le journaliste contre l'auteur de la *Pucelle*, du *Dictionnaire philosophique* et de *Mahomet*, on est étonné de voir que le journaliste en disait juste en 1754 ce que nous en pensons en 1854, c'est-à-dire cent ans après.

Fréron, qui avait alors trente-cinq ans, irrité par les injustices dont il avait vu accabler son père, mort de chagrin en 1776, à la suite de la suppression, par le garde des sceaux Mirosménil, de son journal l'*Année littéraire;* Fréron avait embrassé avec ardeur les principes révolutionnaires, et publiait ou allait publier, à cette époque, l'*Orateur du peuple.*

Dans la soirée du 9 août, il était, comme nous l'avons dit, chez Camille-Desmoulins, où il soupait avec Brune, le futur maréchal de France, et en attendant prote dans une imprimerie.

Barbaroux et Rebecqui étaient les deux autres convives.

Une seule femme assistait à ce repas, qui avait quelque ressemblance avec celui que faisaient les martyrs avant d'aller au cirque, et qu'on appelait le repas libre.

Cette femme, c'était Lucile.

Doux nom, charmante femme qui a laissé un douloureux souvenir dans les annales de la révolution.

Nous ne pourrons pas t'accompagner dans ce livre, du moins jusqu'à l'échafaud où tu voulus monter, aimante et poétique créature, parce que c'était la route la plus courte pour rejoindre ton mari ; mais nous allons en passant essayer d'esquisser ta silhouette en deux coups de plume.

Un seul portrait reste de toi, pauvre enfant ! tu es morte si jeune que le peintre a été pour ainsi dire forcé de te faire au passage : c'est une miniature que nous avons vue dans cette admirable collection du colonel Morin, que l'on a laissée se disperser, toute précieuse qu'elle fût, à la mort de cet excellent homme qui mettait avec tant de complaisance ses trésors à notre disposition.

Dans ce portrait, Lucile paraît petite, jolie, mutine, surtout il y a quelque chose d'essentiellement plébéien sur son charmant visage. En effet, fille d'un ancien commis aux finances et d'une très-belle créature que l'on prétendait avoir été la maîtresse du ministre Terray, Lucile, ainsi que le prouve son nom, Lucile Duplessis Laridon, était, comme madame Roland, d'une extraction vulgaire.

Un mariage d'inclination avait, en 1791, uni à cette jeune fille, relativement riche pour lui, cet enfant terrible, ce gamin de génie que l'on appelait Camille-Desmoulins.

Camille, pauvre, assez laid, parlant difficilement, à cause de ce bégaiement qui l'empêcha d'être orateur;

mais qui, en l'empêchant d'être orateur, en fit peut-être le grand écrivain que vous savez, Camille l'avait séduit à la fois par la finesse de son esprit et la bonté de son cœur.

Camille, quoiqu'il fût de l'avis de Mirabeau, qui avait dit : Vous ne ferez jamais rien de la révolution si vous ne la déchristianisez pas, Camille s'était marié à l'église Saint-Sulpice, selon le rit catholique; mais, en 1792, un fils lui étant né, il porta ce fils à l'Hôtel-de-Ville et réclama pour lui la loi de l'Assemblée constituante, le baptême républicain.

C'était là, dans cet appartement du second de cette maison de la rue de l'Ancienne-Comédie, que venait de se dérouler, au grand effroi et en même temps au grand orgueil de Lucile, tout ce plan d'insurrection que Barbaroux avouait naïvement avoir envoyé, trois jours auparavant, dans une culotte de nankin à sa blanchisseuse.

Aussi Barbaroux, qui n'avait pas grande confiance dans la réussite du coup de main qu'il avait preparé lui-même, et qui craignait de tomber au pouvoir de la cour victorieuse, montrait-il avec une simplicité toute antique un poison préparé comme celui de Condorcet par Cabanis.

Au commencement du souper, Camille, qui n'avait pas beaucoup plus grand espoir que Barbaroux, avait dit en levant son verre, pour ne pas être entendu de Lucile :

— *Edamus et bibamus cras enim moriemur* (1).

Mais Lucile avait compris.

— Bon, avait-elle dit, pourquoi parler une langue que je n'entends pas. Je devine bien ce que tu dis, va Camille, et ce n'est pas moi, sois tranquille, qui t'empêchera de remplir ta mission.

(1) Mangeons et buvons, car nous mourrons demain.

Et, sur cette assurance, on avait parlé librement et tout haut.

Fréron était le plus résolu de tous ; on savait qu'il aimait une femme d'un amour sans espoir, sans savoir quelle femme il aimait : son désespoir à la mort de Lucile révéla ce secret fatal.

— Et toi, Fréron, lui demanda Camille, as-tu du poison?

—Ah! moi, dit-il, si nous ne réussissons pas demain, je me fais tuer; je suis si las de la vie que je ne cherche qu'un prétexte.

Rebecqui était celui qui avait le meilleur espoir.

— Je connais mes Marseillais, disait-il, c'est moi qui les ai choisis de ma main, je suis sûr d'eux ; depuis le premier jusqu'au dernier, pas un ne reculera.

Après le souper, on proposa d'aller chez Danton.

Barbaroux et Rebecqui refusèrent, en disant qu'ils étaient attendus à la caserne des Marseillais.

C'était à la porte, à vingt pas à peine de la maison de Camille-Desmoulins.

Fréron avait rendez-vous à la commune avec Sergent et Manuel.

Brune passait la nuit chez Santerre.

Chacun se rattachait à l'événement par un fil qui lui était propre.

On se sépara ; Camille et Lucile seuls allaient chez Danton.

Les deux ménages étaient très-liés, non-seulement les hommes, mais encore les femmes.

On connaît Danton, nous-mêmes nous avons été plus d'une fois appelé à reproduire son portrait.

La femme est moins connue, disons-en quelques mots :

C'était encore chez le colonel Morin que l'on pouvait trouver un souvenir de cette femme remarquable qui fut, de la part de son mari, l'objet d'une si profonde adoration; seulement, ce n'était point une miniature qu'il avait d'elle, comme de Lucile, c'était un plâtre.

Michelet croit que ce plâtre avait été moulé après la mort.

Le caractère en était la bonté, le calme et la force.

Sans être déjà malade de la maladie qui la tua en 93, elle était déjà triste, inquiète, comme si, étant si proche de la mort, elle avait déjà des perceptions de l'avenir.

La tradition ajoute qu'elle était pieuse et timide.

Elle s'était cependant un jour, malgré cette timidité et cette piété, vigoureusement prononcée, quoique son avis fût opposé à celui de ses parents.

C'était le jour où elle avait déclaré qu'elle voulait épouser Danton.

Comme Lucile, dans Camille Desmoulins, elle avait, elle, derrière cette face sombre et bouleversée, dans l'homme ignoré, sans réputation ni fortune, reconnu le dieu qui, comme Jupiter fit à Sémelée, devait la dévorer en se révélant à elle.

On sentait que c'était une fortune terrible et pleine de tempêtes que celle à

laquelle s'attachait la pauvre créature;
mais peut-être y eut-il dans sa décision
autant de piété que d'amour pour cet
ange de ténèbres et de lumières qui devait avoir le funeste honneur de résumer
une des trois grandes années — 1792, —
comme Mirabeau résume 1791, comme
Robespierre résume 1793.

Lorsque Camille et Lucile arrivèrent
chez Danton, les deux ménages demeuraient porte à porte; Lucile et Camille,
nous l'avons dit, rue de l'Ancienne-Comédie, Danton, rue du Paon. Madame Danton pleurait, et, d'un air résolu, Danton essayait de la consoler.

La femme alla à la femme, l'homme
à l'homme.

Les femmes s'embrassèrent, les hommes se serrèrent la main.

— Crois-tu qu'il y aura quelque chose demain ? demanda Camille.

— Je l'espère, répondit Danton ; cependant, Santerre est tiède. Par bonheur, à mon avis, l'affaire de demain n'est point une affaire d'intérêt personnel, de meneur individuel ; l'irritation d'une longue misère, l'indignation publique, le sentiment de l'approche de l'étranger ; la conviction que la France est trahie ; voilà sur quoi il faut compter. Quarante-sept sections sur quarante-huit ont voté la déchéance du roi ; elles ont nommé chacune trois commissaires pour se réunir à la Commune et sauver la patrie.

— Sauver la patrie, dit Camille en secouant la tête, c'est bien vague.

— Oui, mais en même temps, c'est bien étendu.

— Et Marat, et Robespierre?

— On n'a vu naturellement ni l'un ni l'autre : l'un est caché dans son grenier, l'autre dans sa cave. L'affaire finie, on verra reparaître l'un comme une belette, l'autre comme un hibou.

— Et Pétion?

— Ah ! bien malin qui dira pour qui il est. Le 4, il a déclaré la guerre au château ; le 8, il a averti les départements qu'il ne répondait plus de la sûreté du roi. Ce matin, il a proposé l'établissement des gardes nationaux sur le Carrousel ; ce soir, il a demandé aux départements vingt mille francs pour renvoyer les Marseillais.

— Il veut endormir la cour, dit Camille Desmoulins.

— Je le crois aussi, dit Danton.

En ce moment, un nouveau couple entra : c'était M. et madame Robert.

On se rappelle que madame Robert,

mademoiselle Keralio, dictait, le 17 juillet 1791, sur l'autel de la patrie, la fameuse pétition que son mari écrivait.

Tout au contraire des deux autres couples, où les maris étaient supérieurs aux femmes, ici, c'est la femme qui était supérieure au mari.

Robert était un gros homme de trente-cinq à quarante ans, membre du club des Cordeliers, avec plus de patriotisme que de talent, n'ayant aucune facilité pour écrire, grand ennemi de Lafayette, fort ambitieux, si l'on en croit les mémoires de madame Roland.

Madame Robert, mademoiselle de Keralio, Bretonne par son père, avait alors trente-quatre ans, elle était petite, adroite, spirituelle et fière; élevée par son père, Guinement de Keralio, chevalier de Saint-Louis, membre de l'Académie des instructions, qui comptait parmi ses écoliers un jeune Corse dont il était loin de prévoir la gigantesque fortune. Elle avait tout doucement tourné à la savante et à la femme de lettres. A dix-sept ans, elle écrivait, traduisait, compilait; à dix-huit ans, elle avait fait un roman : *Adélaïde.* Comme le traitement de son père ne lui suffisait pas pour vivre, il écrivait au *Mercure* et au *Journal des Savants;* et, plus d'une fois, il y signa des articles de sa fille, qui étaient loin de déparer les siens. C'est ainsi qu'elle arriva à cet esprit vif, rapide, ardent, qui fit d'elle un des plus infatiguables journalistes du temps.

Ils arrivaient du quartier Saint-Antoine.

L'aspect en était étrange.

La nuit était belle, doucement éclairée, paisible en apparence; il n'y avait personne, ou presque personne dans les rues.

Seulement, toutes les fenêtres étaient illuminées.

Toutes ces lumières semblaient brûler pour éclairer la nuit.

C'était d'un effet sinistre ; ce n'était pas l'illumination d'une fête.

Ce n'était pas non plus cette lueur qui veille à la couche des morts.

On sentait, en quelque sorte, vivre le faubourg à travers ce sommeil fiévreux.

Au moment où madame Robert achevait son récit, le son d'une cloche fit tressaillir tout le monde.

C'était le premier coup du tocsin qui retentissait aux Cordeliers.

— Bon, dit Danton, je reconnais nos Marseillais ; je me doutais bien que ce seraient eux qui donneraient le signal.

Les femmes se regardaient avec terreur; madame Danton, surtout, portait sur son visage tous les caractères de l'effroi.

Ce signal, dit madame Robert; on va donc attaquer le château la nuit.

Personne ne lui répondit; mais Camille Desmoulins, qui au premier glas de la cloche, était passé dans la chambre voisine, rentra un fusil à la main.

Lucile jeta un cri; puis, sentant qu'à cette heure suprême elle n'avait pas le droit d'amoindrir l'homme qu'elle aimait, elle se jeta dans l'alcôve de madame Danton, tomba à genoux, appuya sa tête sur le lit et se mit à pleurer.

Camille vint à elle.

— Sois tranquille, lui dit-il, je ne quitterai pas Danton.

Les hommes sortirent : madame Danton semblait prête à mourir.

Madame Robert, pendu au col de son mari, voulait absolument l'accompagner.

Les trois femmes entrèrent seules.

Madame Danton, assise et comme anéantie ; — Lucile, à genoux et pleurant ; — madame Robert, parcourant la chambre à grands pas et disant, sans s'apercevoir, que chacune de ses paroles frappait au cœur madame Danton :

— Tout cela, tout cela, c'est la faute

de ce Danton. — Si mon mari est tué, je mourrai avec lui, — mais, avant de mourir, oui, je poignarderai Danton.

Une heure à peu près se passa ainsi.

On entendit la porte du palier se rouvrir.

Madame Robert se précipita, Lucile releva la tête, madame Danton resta immobile.

C'était Danton qui rentrait.

— Seul ! s'écria madame Robert.

— Rassurez-vous, dit Danton, il ne se passera rien avant demain.

— Mais Camille? demanda Lucile.

— Mais Robert? demanda mademoiselle de Keralio.

— Ils sont aux Cordeliers, où ils rédigent des appels aux armes. — Je viens vous donner de leurs nouvelles, vous dire qu'il n'y aura rien cette nuit, et la preuve, c'est que je vais dormir.

Il se jeta, en effet, sur son lit tout habillé, et cinq minutes après s'endormit, — comme si ne se décidait pas en ce moment, entre la royauté et le peuple, une question de vie et de mort.

A une heure du matin, Camille rentra à son tour.

— Je viens vous donner des nouvelles de Robert, dit-il ; il est allé à la commune porter nos réclamations. — Ne soyez pas inquiète. — C'est pour demain seulement, et encore, et encore.

Camille secoua la tête en homme qui doute.

Puis, cette tête, il alla l'appuyer sur l'épaule de Lucile, et à son tour s'endormit.

Il dormait depuis une demi-heure à peu près, lorsque l'on sonna à la porte.

Madame Robert alla ouvrir.

C'était Robert.

Il venait chercher Danton de la part de la commune.

Il réveilla Danton.

— Qu'ils aillent... et qu'ils me laissent dormir, s'écria celui-ci, demain il fera our.

Robert et sa femme sortirent, ils rentraient chez eux.

Une demi-heure après, on sonna une seconde fois.

Ce fut madame Danton qui alla ouvrir.

Elle introduisit un grand garçon blond d'une vingtaine d'années, habillé en capitaine de la garde nationale; il tenait un fusil à la main.

— M. Danton? demanda-t-il.

— Mon ami, dit madame Danton en éveillant son mari.

— Eh bien ! — quoi encore ? fit celui-ci.

— Monsieur Danton, dit le grand jeune homme blond, on vous attend là-bas.

— Où là-bas ?

— A la commune.

— Qui m'attend ?

— Les commissaires des sections, et particulièrement M. Billot.

— L'enragé! dit Danton ; — c'est bien, — dis à Billot que je vais y aller.

Puis regardant ce jeune homme, dont le visage lui était inconnu, et qui portait, encore enfant, les insignes d'un grade presque supérieur.

— Pardon, dit-il, mon officier, — mais qui êtes-vous ?

— Je suis Ange Pitou, Monsieur, — capitaine de la garde nationale d'Haramont.

— Ah! ah!

— Ancien vainqueur de la Bastille.

— Bon.

— J'ai reçu hier une lettre de M. Billot, qui me disait que probablement on allait se cogner rudement ici, et que l'on avait besoin de tous les bons patriotes.

— Et alors ?

— Je suis parti avec ceux de mes hommes qui ont bien voulu me suivre, mais comme ils sont moins bons marcheurs que moi, ils sont restés à Dammartin, — demain de bonne heure, ils seront ici.

— A Dammartin? demanda Danton,— mais c'est à huit lieues d'ici.

— Oui, monsieur Danton.

— Et Haramont, — à combien de lieues est-ce de Paris?

— A dix-neuf lieues, — nous sommes partis ce matin à cinq heures.

— Ah! ah! et vous avez fait vos dix-neuf lieues dans la journée?

— Oui, monsieur Danton.

— Et vous êtes arrivé?

— A dix heures du soir. — J'ai demandé M. Billot, on m'a dit qu'il était probablement au faubourg Saint-Antoine, chez M. Santerre; — j'ai été chez M. Santerre, mais on m'a dit qu'on ne l'avait pas vu, — et l'on m'a renvoyé aux Cordeliers, — aux Cordeliers, on m'a dit d'aller voir à l'Hôtel-de-Ville.

— Et à l'Hôtel-de-Ville, vous l'avez trouvé?

— Oui, monsieur Danton, c'est alors qu'il m'a donné votre adresse et qu'il m'a dit :

— Tu n'es pas fatigué, n'est-ce pas Pitou?

— Non, monsieur Billot.

— Eh bien, va dire à Danton que c'est un paresseux, et que nous l'attendons.

— Morbleu! dit Danton, sautant à bas

du lit, voilà un garçon qui me fait honte,
— allons, mon ami, allons.

Et il alla embrasser sa femme et sortit avec Pitou.

Sa femme poussa un faible soupir, et renversa sa tête sur le dos de son fauteuil.

Lucile crut qu'elle pleurait et respecta sa douleur.

Cependant, au bout d'un instant, voyant qu'elle ne bougeait pas, elle réveilla Camille.

Puis elle alla à madame Danton, la pauvre femme était évanouie.

Les premiers rayons du jour glissaient à travers les fenêtres, la journée promettait d'être belle, mais comme si ç'eut été un augure néfaste, le ciel était couleur de sang.

FIN DU QUINZIÈME VOLUME.

TABLE

DU QUINZIÈME VOLUME.

Chap. I.	Le 20 juin (*Suite.*)	1
II.	Où le roi voit qu'il est certaines circonstances où, sans être Jacobin, on peut mettre le bonnet rouge sur sa tête. .	11
III.	Réaction.	43
IV.	Vergniaud parlera.	71
V.	Vergniaud parle.	95
VI.	Le troisième anniversaire de la prise de la Bastille.	129
VII.	La patrie en danger.	155
VIII.	La Marseillaise. . . . . : .	177
IX.	Les cinq cents hommes de Barbaroux.	197
X.	Ce qui faisait que la reine n'avait pas voulu fuir.	241
XI.	La nuit du 9 au 10 août.	273

Sceaux, imp. de Munzel frères.

OUVRAGES D'ALEXANDRE DUMAS, TERMINÉS.

OLYMPE DE CLÈVES
9 volumes.

CONSCIENCE
5 volumes.

MES MÉMOIRES
14 volumes.

HISTOIRE D'UNE COLOMBE
2 volumes.

LE VÉLOCE
4 volumes grand in-8, avec gravures.

ANGE PITOU
8 volumes.

LE TROU DE L'ENFER
4 volumes.

DIEU DISPOSE
Suite du *Trou de l'Enfer*. 6 volumes.

UN GIL BLAS EN CALIFORNIE
2 volumes.

LOUIS SEIZE
5 volumes.

LES MARIAGES DU PÈRE OLIFUS
5 volumes.

LA COMTESSE SALISBURY
6 volumes.

LA FEMME AU COLLIER DE VELOURS
2 volumes.

LES MILLE ET UN FANTOMES
2 volumes.

LA REGENCE
2 volumes.

LOUIS QUINZE
5 volumes.

LE COLLIER DE LA REINE
11 volumes.

LES DRAMES DE LA MER
2 volumes.

Impr. de E. Dépée, à Sceaux.

www.ingramcontent.com/pod-product-compliance
Lightning Source LLC
Chambersburg PA
CBHW060653170426
43199CB00012B/1771